반복의 쓸모

하루 1%의 축적이 만든 압도적 차이

반복의 쓸모

억만장자 메신저 지음

Billionaire Messenger

동양북스

천천히, 그러나 확실하게 나를 깨워주는 문장들
부아c, 『외롭다면 잘 살고 있는 것이다』 저자

우리는 종종 삶이 기대만큼 움직이지 않는다고 느낄 때가 있습니다. 하지만 이 책은 말합니다. 성장은 화려한 순간보다 보이지 않는 반복 속에서 완성된다고요.

하루를 버티고, 마음을 다잡고, 다시 한 걸음을 내딛는 그 평범한 반복이 결국 우리를 단단하게 만든다는 사실을 조용히 일러줍니다.

저자는 방황과 실패를 부정하지 않습니다. 오히려 그것이 우리를 빛나게 만드는 원료라고 말합니다. 그리고 책의 마지막 장에서 우리는 '춤추는 별은 혼돈을 견딘 사람에게서 태어난다'는 진실을 깨닫게 됩니다.

삶이 흔들릴 때마다 펼쳐보고 싶은 책입니다. 천천히, 그러나 확실하게 나를 깨워주는 문장들로 가득합니다.

자신의 시간을 다시 신뢰하게 만드는 책

데미안, 『직진형 인간』 저자

1년 전, 억만장자 메신저 작가를 만났을 때 그는 말했다.
"니체 같은 책을 쓰겠습니다."
그 단언은 마음에 오래 남았다. 이후 출판사와 계약을 마친 그를 홍대의 한 카페에서 다시 만났다. 그는 여전히 오래 읽히는 고전을 쓰고 싶다고 말했다. 이제 억만장자 메신저 작가는 『반복의 쓸모』로 그 첫걸음을 내디뎠다.
이 책은 인간이 성숙에 이르기까지 반드시 통과해야 하는 다섯 개의 구간을 따라간다.
방황은 실패가 아니라 질문의 시작이고, 고독은 탈락이 아니라 집중의 시간이다. 아무도 보지 않는 시간에 쌓인 작은 반복들은 축적이 되고, 그 축적은 삶을 바라보는 의식의 결을 바꾼다. 언어가 달라지고, 세계를 해석하는 시야가 깊어진다. 그렇게 변화된 의식은 결국 성숙이라는 지점으로 우리를 이끈다.
니체적 사유의 흐름 위에서, 저자는 자신이 직접 통과해 온 경험을 쉬운 문장과 설득력 있는 예시로 풀어낸다. 『반복의 쓸모』는 독자가 자신의 시간을 다시 신뢰하게 만드는 책이다.
기쁜 마음으로 권한다.

나는 더 많이 노력할수록
운이 더 좋아진다는 걸 발견했다

인간은 누구나 방황한다. 방황은 실패가 아니다. 삶이 던지는 질문에 정직하게 답한 결과다. 그리고 고독은 그 질문과 끝까지 마주한 이들에게 찾아온다.

고독 속에서 비로소 축적이 시작된다. 아무도 알아주지 않는 시간을 견디며 쌓아 올린 것들이, 어느 날 문득 의식을 일깨운다. 그 깨어남은 마침내 성숙으로 이끈다. 방황은 누구나 겪는 성장의 과정이며, 노력은 바로 그 방황 속에서 태어난다.

나 역시 이 흐름을 거스를 수 없었다.

왜 굳이 대학교에 가야 하는가.
왜 정해진 길로 살아야 하는가.
이왕이면 나답게 살아갈 수는 없을까.

주체적으로 살아갈 방법은 없는가.

이 의문들은 곧 방황이 되었다. 공부는 손에 잡히지 않았고, 대학교 2학년 때 두 번의 학사경고를 받았다. 당연한 결과였다. 애초에 학교를 거의 가지도 않았으니까. 그 현실 속에서 나는 굳이 학교에 남아야 할 이유를 찾지 못했고, 결국 군대로 도피하고자 했다.

군휴학을 신청한 뒤, 입대까지 남은 시간 동안 한 개인이 운영하는 물류센터에서 일했다. 3개월 남짓한 시간 동안 나는 사회의 냉혹한 현실을 온몸으로 체감했다. 이전에도 여러 아르바이트를 해봤지만 이곳은 달랐다.

사장의 날선 폭언을 견뎠고, 어떤 날에는 거대한 철문을 달다 검지손가락을 잃을 뻔했다. 다행히 피멍이 들고 손톱이 부러지는 정도로 끝났다. 인간의 추악한 민낯을 몸소 겪고 끝까지 지켜본 현장이었다.

그 후 군대에 입대했고, 처음으로 독서와 운동을 시작했다. 무엇 하나 제대로 쌓은 것이 없었던 나는 이 두 가지라도 붙들고 나를 다시 세워야 했다. 그 작은 시도가 훗날 이 책을 쓰게 한 출발점이 되었다.

전역 후, 복학과 동시에 편의점 야간 아르바이트를 하며 글쓰기를 시작했다. 처음엔 하루를 돌아보는 일기 수준이었다. 그러나 그 기록들이 쌓이면서 점차 사람들에게 전할 수 있는 메시지로 바뀌어갔다. 그 과정 속에서 나는 이전과는 전혀 다른 사람이 되어 있었다.

블로그, 엑스(구 트위터), 인스타그램, 스레드에 매일같이 글을 올렸고, 최근 시작한 유튜브는 네 달 만에 구독자 2만 명을 넘었다. 그동안 전자책 6권을 집필했고, 대부분이 베스트셀러에 올랐다.

지금 나는 수십만 팔로워를 보유한 인플루언서 작가다. 수많은 이들에게 성장의 메시지를 전하고 있다. 2년 남짓한 시간 동안 블로그에 2,000편 이상의 글을 게재했고, 엑스와 스레드, 인스타그램에는 10만 건에 가까운 게시물을 올렸으며, 유튜브에는 1,000편이 넘는 글귀 쇼츠를 제작해 공유했다.

겉으로 드러난 결과 뒤에는 말 없이 쌓아온 시간이 있었다. 방황은 고독으로, 고독은 축적으로, 축적은 의식의 성장으로 이어졌다. 그리고 성숙의 문턱에 도달했다.

이 여정은 나만의 이야기가 아니다. 누구나 한 번쯤은 겪게 되는 인생의 본질적인 과정이다.

미국 제3대 대통령 토머스 제퍼슨은 말했다.

"나는 더 많이 노력할수록 운이 더 좋아진다는 걸 발견했다."

운은 우연이 아니다. 운은 방황을 겪고, 고독 속에서 작은 노력을 끝까지 놓지 않은 이들에게만 찾아온다. 이 책은 그것을 증명하는 이야기들로 구성되었다.

방황, 고독, 축적, 의식, 성숙의 과정에서 조용히, 그러나 가장 깊게 작용하는 것이 바로 '노력'이다. 당신도 지금, 그 여정의 한가운데에 있을 것이다.

이 책은 그 길 위에서 헤매는 당신에게 말을 걸기 위해 쓰였다. 삶이 뜻대로 흘러가지 않을 때, 모든 것이 무너진 듯 보일 때, 방황하고 고독했던 시간들이 결국 하나의 축적이 되었다는 것을 나는 경험으로 안다.

그러니 지금의 당신도, 결코 헛된 시간을 살고 있는 것이 아님을 이 책을 통해 확인하게 될 것이다. 당신 안에 잠든 가능성을 일깨우고, 지금의 고단한 시간이 미래를 여는 준비 과정임을 스스로 자각하게 할 것이다.

그리고 마침내 노력할수록 운은 당신 편에 선다는 진실을 확인하게 될 것이다.

이제 한 걸음을 내딛어라.
길은 정해져 있지 않다.
길은 걷는 자에게만 열린다.

당신의 삶을, 당신 자신의 길로.
방황이 시작되는 순간이 곧 여정의 시작이다.

• 차례 •

1장

길을 잃은 순간이
터닝 포인트다

방황

2장

혼자 있는
시간의 힘

3장

운은 노력이라는
단어 위에 쌓인다

4장

언어는
세계를 바꾼다

의식

Billionaire

×

Messenger

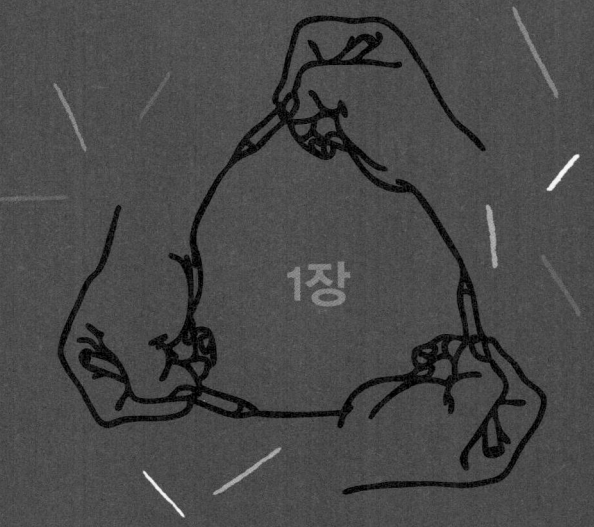

1장

길을 잃은 순간이
터닝 포인트다

방황

인간은 노력하는 한
방황한다

"인간은 노력하는 한 방황한다."

요한 볼프강 폰 괴테

괴테는 독일을 대표하는 시인이자 극작가, 사상가이자 정치가
였다. 그의 작품은 인간 존재의 복잡성과 그 내면의 갈망, 성장
의 가능성에 대한 깊은 사유로 가득 차 있다. 그중에서도『파
우스트』는 괴테 문학의 정점이자, 한 인간의 방황과 구원의 여
정을 담아낸 평생의 역작이다.

『파우스트』1부 '천상의 서곡'에서 신과 메피스토펠레스(악
마)는 인간에 대해 대화를 나눈다. 메피스토펠레스는 인간을
조롱하며 아무리 애써도 결국 길을 잃고 혼란에 빠질 것이라

비웃는다. 그러자 신은 이렇게 응수한다.

"인간은 노력하는 동안 방황한다."
(Es irrt der Mensch, solang er strebt.)

이 장면에서 괴테는 인간의 불완전함을 인정하면서도, 그 불완전함 속에서 길을 찾으려는 노력 자체를 존엄하게 바라본다. 방황은 인간의 나약함이 아니라 도달하고자 하는 의지의 증표다. 방향을 잃는 순간조차 앞으로 나아가려는 몸짓이라는 뜻이다.

그러니 방황은 실패가 아니다. 오히려 노력하는 인간에게 주어진 필연적 여정이다. 진짜 두려워해야 할 것은 방황이 아니라 아무런 노력도 없이 안주하는 삶이다. 고민하지 않고, 질문하지 않는 삶은 인간을 정체시키는 큰 위협이 된다.

남이 시키는 대로 사는 삶은 어쩌면 이미 죽은 삶이다. 자아와 정체성을 타인에게 맡긴 채 살아가는 인생은 결코 자신의 삶이라 부를 수 없다. 누구나 그런 삶을 피하고 싶어 하지만, 스스로 질문하고 결정하는 일을 두려워한다. 그래서 우리는 남의 기준에 삶을 의탁하고 만다.

그러나 당신의 인생은 당신의 것이다. 남이 짜준 궤도를 따르기보다 스스로 묻고 탐구하며 나만의 길을 개척해야 한다. 그 여정 속에서 방황은 반드시 찾아온다.

하지만 괜찮다. 방황은 당신이 진짜 자기 인생을 살고 있다는 증거다. 마음껏 고민하고, 흔들리고, 멈춰 서라. 그 모든 시간이 당신을 더 깊고 더 단단한 존재로 만든다.

괴테의 말처럼 인간은 노력하는 한 방황한다. 그 방황이야말로 우리가 살아 있다는 가장 분명한 증거다.

"방황은 흔히 부정적으로 여겨지지만,
오히려 그것은 노력의 증거다.
고민 없는 삶은 정체된 삶이다.
결국, 방황은 성장의 다른 이름이다.
두려워할 필요가 없다."

쓸모없는 경험은
없다

"절대 후회하지 마라.
좋았다면 추억이고, 나빴다면 경험이다."

캐롤 터킹턴

인간은 지나온 모든 순간을 통해 성장한다. 행복은 따뜻한 추억이 되고, 고통은 단단한 경험이 된다. 그렇다면 우리의 삶은 앞으로 어떤 순간들로 채워질까?

좋은 일이 많을까, 힘든 일이 많을까? 답은 분명하다.

삶은 본질적으로 고통이 더 많은 구조를 지녔다.

쇼펜하우어가 말했듯 "인생은 고통이다."

그러나 삶을 고통으로만 해석하는 건 편향된 시선이다. 삶을 자세히 들여다보면 괜찮았던 순간들 또한 분명히 존재한다. 고통과 행복은 나란히 흐른다. 우리는 그 사이에서 흔들리며 조금씩 앞으로 나아간다.

때론 기대한 일이 어긋나고 뜻밖의 순간에 문이 열리기도 한다. 인간의 삶이 이토록 불확실하기에 함부로 내 삶을 단정 지어서는 안 된다. 중요한 건 삶을 바라보는 나의 태도다.

수학 강사 정승제는 제자들에게 이렇게 말했다.

"인생은 다 장애예요. 뜻대로 되는 게 없어요. 그러니까 재밌는 거예요. 아무것도 여러분 상상처럼 되는 게 없어요. 상처받지 마요. 정체기가 있고, 암흑기가 있고, 인생은 그런 거예요. 계속 행복한 거 아니라니까요. 간혹 찾아오는 행복이 진짜 행복인 거예요."

삶은 계획대로 움직이지 않는다. 오히려 예측을 벗어나기에 살아볼 가치가 있다. 나 역시 예상치 못한 흐름 속에서 우연처럼 다가온 순간들이 내 삶을 바꾸기 시작했다. 글 한 줄 써본 적 없던 내가, 지금은 작가이자 콘텐츠 크리에이터가 되었다.

군대에서 우연히 시작한 독서.

복학 후, 야간 편의점 아르바이트를 하며 어쩌다 시작한 글쓰기.

어느 블로그 이웃을 보며 시작된 전자책 집필.

모든 것이 계획 밖이었다. 그러나 그 예기치 못한 시간들이 나를 이끌었다. 삶은 누구에게도 미리 답을 주지 않는다. 당장의 앞날조차 알 수 없는 것이 인간의 숙명이다.

그러니 성급하게 삶을 재단하지 마라. 쓸모없는 경험은 없다. 모든 경험은 결국 당신만의 길이 되어 삶을 온전히 담아낼 수 있는 사람으로 이끈다.

"삶을 섣불리 판단하는 순간,

나의 한계도 스스로 정해 버리게 된다.

속단하지 마라.

인생은 예기치 못한 길에서 큰 기회를 선물한다."

당신이 터닝 포인트에
있다는 신호

"위기라는 단어는 중국어로 두 개의 글자로 쓰이는데,
하나는 위험을, 다른 하나는 기회를 의미한다."

존 F. 케네디

변곡점이라는 용어를 아는가? 쉽게 말하면, 방향이 본격적으로 바뀌는 시점을 뜻한다. 수학과 주식에만 변곡점이 있는 것이 아니다. 삶에도 분명히 변곡점이 존재한다.

나는 이 개념을 좀 더 직관적으로 '터닝 포인트'라고 부른다. 그렇다면 삶에서 터닝 포인트는 언제 찾아오는가? 바로, '가장 버거운 순간'에 도달했을 때다.

당신이 터닝 포인트에 있다는 신호

1. 이제는 한계라고 느낄 때
2. 도저히 방법이 보이지 않을 때
3. 많은 것을 잃어버렸을 때
4. 가슴 아픈 일들이 계속될 때
5. 모든 것이 끝났다고 생각될 때

심연의 바닥까지 내려간 사람만이,
역설적으로 가장 높이 도약할 힘을 갖게 된다.
지금의 고통은 곧 성장으로 변화될 준비 과정이다.

이는 주식시장에서도 쉽게 관찰할 수 있다. 상승장에서는
누구나 쉽게 주식을 매수한다.
왜냐하면, 더 오를 것 같기 때문이다.

반대로 하락장에서는 매수를 주저한다. 더 떨어질 것 같기
때문이다.
그러나 진짜 수익을 내는 사람은 다르다.

그들은 깊게 하락한 주식을, 가장 두려운 순간에 매수한다. 역사를 돌아봐도 이 원리는 반복된다. 1999년 닷컴버블, 2008년 글로벌 금융위기, 2020년 코로나19 팬데믹.

큰 위기가 있었고, 주식시장은 크게 무너졌다. 하지만 이후 어떻게 되었는가?

하락한 만큼 아니 그 이상으로 상승했고, 결국 전고점을 넘어섰다. 삶도 이와 다르지 않다.

삶의 심연까지 내려간 만큼 반작용은 반드시 일어난다. 그래서 터닝 포인트는 고통이 아니라 기회다. 바닥이라 느낄 때야말로 방향이 바뀌고 인생이 솟구치는 순간이다.

"인생은 주식과 같다.
폭락이 오면 매도하고 싶은 것처럼
심연의 순간이 오면 포기하고 싶다.
그러나 이때를 견뎌야 한다."

인생이 나를 배신해도
믿음을 잃지 말아야 한다

"애플사에서 해고된 것은 내게 일어날 수 있는
최고의 사건이었다. 그 덕분에 나는 초심자의 마음으로 돌아가
인생에서 가장 창의적인 시기를 맞이할 수 있었다."

스티브 잡스

지금 우리가 손에 쥔 스마트폰 혁명의 중심에는 스티브 잡스가
있었다. 그가 남긴 말 중 가장 기억에 남는 것은 이것이다.

"자세히 들여다보면, 대부분의 갑작스러운 성공은 오랜
시간이 걸렸다."

아이폰은 단숨에 탄생한 혁명이 아니었다. 애플은 1980년
대부터 터치스크린 기술을 연구했고, 1993년 PDA '뉴턴'을

출시했지만 실패했다. 그러나 그 과정에서 축적된 기술과 경험이 훗날 아이폰을 탄생시켰다.

잡스는 iPod과 iTunes를 통해 음악 산업을 혁신하며, 하드웨어와 소프트웨어의 결합이라는 기반을 다졌다. 아이폰은 오랜 시간 동안 쌓인 시행착오와 인내의 결과였다.

우리는 흔히 성공의 순간만을 본다. 그러나 잡스의 말처럼 '갑작스러운 성공'은 긴 시간 동안 묵묵히 쌓아 올린 결과일 뿐이다. 그 역시 인생이 순탄치만은 않았다. 스탠포드 대학 연설에서 그는 말했다.

"전 실리콘밸리의 대표적인 실패자였습니다. 하지만 당시에는 몰랐죠. 애플에서 해고된 것이 제 인생 최고의 일이었다는 것을요. 그 후 5년 동안 넥스트와 픽사를 창업했고, 지금의 아내를 만나 사랑에 빠졌습니다. 픽사는 최초의 3D 애니메이션 〈토이 스토리〉를 통해 세계적인 성공을 거두었죠. 쓴 약이었지만 저에게는 꼭 필요한 약이었습니다. 때로 인생이 배신하는 것 같아도 결코 믿음을 잃지 마세요."

잡스도 사람이었다. 자신이 만든 회사에서 해고당했을 때 참담한 심정이었을 것이다.

낙담하지 않을 사람이 어디 있겠는가. 그러나 그는 그 시련을 오히려 '인생 최고의 행운'이라고 말했다. 사랑하는 사람을 만나고 픽사를 성공시킬 수 있었기 때문이다.

스티브 잡스는 픽사를 1,000만 달러에 인수해 독립된 회사로 세웠다. 초기에는 하드웨어와 소프트웨어를 판매하는 회사였지만, 잡스는 방향을 과감히 전환해 애니메이션 스튜디오로 키워냈다.

그 결과, 2006년 픽사는 디즈니에 74억 달러에 인수되었고, 잡스는 디즈니의 최대 개인 주주가 되었다. 그러니 어찌 애플에서 해고된 일이 그에게 행운이 아니라고 할 수 있겠는가. 인생은 때로 가장 쓰라린 순간을 가장 큰 기회로 바꾼다. 믿음을 잃지 않는 자만이 끝내 자신의 길을 완성한다.

"삶이 나를 배반하고 절벽으로 내몰아도
믿음을 거두지 마라. 절망의 끝자락에서야
참된 힘과 가능성이 모습을 드러낸다.
뜻대로 되지 않는 순간은
오히려 삶을 다층적으로 빚어낸다."

모든 세대는
저마다의 방황을 품고 있다

"인생은 자신을 발견하는 것이 아니라
자신을 창조하는 것이다."

조지 버나드 쇼

방황은 특정 연령대에만 국한되지 않는다. 우리는 살아가는 동안 크고 작은 방황을 반복하며 살아간다.

10대는 부모님의 기대와 자신의 꿈 사이에서 흔들린다. "어떤 대학, 어떤 전공을 선택해야 할까?", "내가 좋아하는 것을 따라가도 괜찮을까?" 하지만 정작 자신이 진짜 원하는 게 무엇인지조차 명확하지 않아 답답함을 느낀다.

20대는 학업과 취업, 자아 정체성 사이에서 방황한다. "내가 정말 잘하는 건 뭘까?", "지금 선택한 이 길이 과연 평생 나에게 맞을까?" 현실과 이상 사이에서 줄타기를 하며 새로운 경험을 쌓아가지만 불안감은 쉽게 가시지 않는다.

30대는 직장, 결혼, 가정이라는 선택의 기로에 선다. "안정적인 삶을 지켜야 할까, 아니면 새로운 도전을 할까?" 자리를 잡은 듯하지만, 문득 삶이 정해진 것처럼 느껴질 때 다시 방황은 시작된다.

40대는 익숙함 속에서도 낯선 질문과 마주한다. 빠르게 변하는 세상 속에서 "나는 여전히 경쟁력이 있을까?", "지금까지의 선택이 과연 최선이었을까?"라는 의문이 들기 시작한다. 쌓아온 것을 지키려는 마음과 새로운 목표를 향한 갈망 사이에서 흔들린다.

50대는 자녀의 독립과 노후 준비, 삶의 의미를 되짚는 시기다. "이제 내 인생을 어떻게 살아야 할까?", "무엇을 해야 후회 없는 삶이 될까?" 자유와 막막함이 공존하는 시간이다.

60대 이후에는 퇴직 이후의 삶을 다시 설계하게 된다. "이제는 정말 쉬어야 할까, 아니면 새로운 무언가를 시작해야 할까?", "남은 시간 동안 가장 의미 있게 할 수 있는 일은 무엇일까?" 과거에는 한 번도 고민하지 않았던 질문들이 새롭게 삶을 흔든다.

이처럼 방황은 나이와 무관하다. 시간은 흐르고 세상은 더 빠르게 변한다. 앞으로의 방황은 더 복잡하고 더 자주 찾아올지도 모른다. 그렇다면 우리는 이 필연적인 방황 속에서 무엇을 해야 할까? 필요한 건 단 하나, 어떤 상황에서도 나를 지탱해줄 핵심 가치를 찾는 일이다.

나에게 그 가치는 '글쓰기'다. 나는 글을 통해 나만의 메시지와 작품을 만들고, 그 글이 누군가에게 작은 변화를 주길 바란다. 이것이 내가 흔들릴 때마다 붙잡는 방향이다. 당신은 어떤가? 당신을 지탱해주는 그 '하나'는 무엇인가? 아직 없다면 지금 이 순간, 이 질문 앞에 잠시 멈춰 보자.

"인간은 불확실성 속에서 방황한다.
그러나 그 방황은 결국 나를 성장시키는
원료가 된다. 방황은 끝이 아니라 변화의 시작이다.
그것이 바로 방황의 나비효과다."

질문을 하는 자가
끝내 길을 만든다

"질문이 정답보다 중요하다. 곧 죽을 상황에 처했고 목숨을 구할 방법을 단 한 시간 안에 찾아야 한다면, 한 시간 중 55분은 올바른 질문을 찾는 데 쓸 것이다. 올바른 질문을 찾고 나면 정답을 찾는 데는 5분도 걸리지 않는다."

알버트 아인슈타인

이 세상에는 무수히 많은 정답이 존재한다. 그러나 그것들은 어디까지나 '누군가의 정답'일 뿐 '나의 정답'이라는 보장은 없다. 중요한 것은 남의 정답을 답습하는 것이 아니라, 나만의 질문을 품고 나만의 길을 만들어가는 것이다.

정답에는 창조력이 없다. 오로지 질문에만 창조력이 있다. 질문을 품는 순간, 우리는 이미 새로운 세계를 향해 나아가기 시작한다.

나 역시 책을 읽을 때 정답을 찾으려 하지 않는다. 대신 나를 질문하게 만드는 한 줄을 찾는다. 진정한 '인생책'은 나의 세계관을 흔들어 깨우는 질문을 던진다.

나의 경우 "블로그를 당장 시작하라"는 문장이 그랬다. 짧은 구절이었지만 내 삶의 방향을 바꿔 놓았다. 누군가에겐 별것 아닐 수 있지만 나에겐 터닝 포인트였다.

프리드리히 니체도 마찬가지였다. 그는 21세의 젊은 시절, 쇼펜하우어의 『의지와 표상으로서의 세계』를 만났다. 그 책을 읽고, 자신의 세계관이 흔들리는 충격을 받았다. 그는 이렇게 고백했다. "나는 이 책에서 나 자신을 발견했다."

니체는 쇼펜하우어를 통해 인간 존재의 본질, 고통의 의미, 그리고 '의지'라는 개념에 대해 처음으로 근원적인 질문을 품게 된다.

그 질문들은 니체를 완전히 다른 인간으로 변모시켰다. 기존의 도덕과 종교를 의심하기 시작했고, 새로운 가치와 새로운 인간상을 꿈꾸기 시작했다. 니체의 삶을 바꾼 것도 결국 하나의 질문이었다.

질문은 생각을 깨운다. 질문은 세계를 다시 쓰게 한다.

질문하는 자는 답을 기다리지 않는다. 스스로 답을 만들어 낸다. 질문하는 자는 길을 찾지 않는다. 스스로 길을 만든다.

그러므로 묻는 것을 멈추지 마라. 스스로에게 던진 질문이, 결국 아직 그려지지 않은 길로 당신을 이끌 것이다.

"정답에 집착하는 자는 길을 잃는다.

진짜 탐구는 질문에서 시작된다.

'무엇이 맞는가'보다

'무엇을 물어야 하는가'를 고민하라.

질문하는 자만이 깊이 있는 차원으로 도달한다."

낙오자가 아니라
탐색자

"나는 끊임없이 무언가를 찾는 구도자였으며, 아직도 그렇다.
그러나 이제 별을 쳐다보거나 책을 들여다보며 찾지는 않는다.
나는 내 피가 몸속에서 소리 내는 가르침을 듣기 시작하고 있다."

헤르만 헤세

방황은 겉으로 보기엔 정체된 것처럼 보인다. 그러나 그 내면
에서는 누구보다 치열하게 자신과 마주하고 있다.

2025년 3월, '쉬었음 인구'라는 이름으로 분류된 2030세대
가 120만 명을 넘어섰다. 그중 15~29세 청년만 해도 50만 명
이 넘는다. '쉬었음'이란, 일도 하지 않고 구직 활동도 하지 않
는 상태를 뜻한다.

하지만 숫자로는 결코 담을 수 없는 것들이 있다. 그 안에는 각자의 사정이 있고, 망설임이 있고, 버티다 지쳐 멈춘 이들도 있다. 사회는 때때로 이런 현상을 무기력이나 나태함으로 쉽게 해석하곤 한다.

하지만 나는 안다. 나 역시 그 시간을 지나왔기 때문이다. 한동안 아무것도 하지 못한 적이 있다. 의욕은 없고, 방향도 보이지 않았다. '해야 할 일'보다 '할 수 없는 이유'가 마음을 가득 채웠던 날들은 결코 게으른 게 아니다. 그저, 다시 걷기 위한 짧은 숨 고르기였다. 그 시기를 지나며 알게 되었다. 쉬는 것에도 용기가 필요하다는걸.

그러니 결론적으로 말하면, 우리는 낙오자가 아니다. 우리는 탐색자다. 어떤 길도 아닌 곳에 멈춰 서 있을지라도 마음속 어딘가에서는 조용히 질문이 자라고 있다.

"내 삶의 중심은 어디에 있는가?"
"나는 어떤 삶을 살아가고 싶은가?"
"나는 무엇을 위해 태어났는가?"

이 질문들은 언젠가 방향이 되고, 그 방향은 결국 자신만의 길이 된다. 남들 눈엔 길 밖에 서 있는 것처럼 보일지 몰라도, 실은 누구보다 깊이 '길의 본질'을 묻고 있는지도 모른다.

그래서 나는 이 시기를 지나고 있는 당신에게 섣불리 조언하고 싶지 않다. 나 역시 그 시간을 통과하며 알게 되었기 때문이다. 때로는 말보다 침묵이, 조언보다 곁에 머물러주는 기다림이 더 필요하다는걸.

당신이 잠시 멈춰 있는 지금 이 순간이 사실은 당신만의 호흡을 되찾기 위한 시간이다. 그러니 스스로를 조급하게 몰아가지 않아도 된다. 이 순간도 분명히 삶의 일부다.

당신은 길을 잃은 낙오자가 아니다. 당신은 길을 새로 그려가는 탐색자다.

"우리가 오래도록 바깥에서 찾던 답은
사실 처음부터 우리 안에 있었다.
그 내면의 소리를 듣는 순간,
삶의 방향은 달라지기 시작한다."

내면의 혼돈이
별을 만든다

"춤추는 별을 잉태하려면
반드시 내면에 혼돈을 품어야 한다."

프리드리히 니체

니체의 수많은 말 중 내가 가장 좋아하는 문구다. 『차라투스트라는 이렇게 말했다』를 읽던 중 이 구절을 마주했을 때 잠시 책을 덮고 필사했을 만큼 깊은 울림이 있었다.

니체가 말한 '혼돈'은 무질서나 파괴가 아니다. 창조가 시작되기 직전, 내면 깊은 곳에서 울리는 원초적인 떨림이다. 갈등과 충돌을 외면하지 않고 그 중심으로 뛰어드는 용기다. 이 태도야말로 진정한 삶의 자세다.

방황은 혼돈 속에서 길을 찾으려는 시도다. 우리는 그 과정에서 자주 무너지고, 좌절하며, 자신을 의심한다. 그러나 진정한 창조는 안정된 상태가 아닌 흔들림과 충돌 속에서 태어난다. '춤추는 별'은 결국 남이 밝혀준 길이 아닌 자기 중심에서 솟아나는 고유한 빛이다.

누군가의 정답을 뒤쫓는 불안한 불빛이 아니라, 내 안의 불완전함과 어둠을 끌어안고 만들어 낸 꺼지지 않는 불꽃이다.

니체의 정신은 이렇게 요약할 수 있다. "질문하라, 의심하라, 스스로를 해체하라." 그래야만 자신만의 별을 품을 수 있다. 그리고 그는 자신의 삶으로 그 말을 증명했다.

니체는 건강 문제로 바젤대학 교수직을 내려놓은 뒤, 유럽을 떠돌며 하숙집과 호텔을 전전했다. 고통과 병약함, 경제적 불안 속에서도 끊임없이 사유하고 글을 썼다. 또한 기존의 가치를 해체하고 '초인'이라는 새로운 인간상을 제시했다.

우리는 살아가며 수많은 의문과 방황을 겪는다. 그럴 때마다 억지로 피하려 하지 마라. 이러한 혼돈은 실패가 아니라 내면이 성장하는 신호다.

그 신호를 정면으로 받아들이는 태도, 그것이 바로 니체가 말한 초인의 자세다. 초인은 고통을 회피하지 않고 동행자로 받아들이며, 그 속에서도 웃고 걸으며 나아가는 사람이다.

강한 사람은 무너지지 않는 사람이 아니다. 무너진 자신을 껴안고 다시 일어설 줄 아는 사람이다. 그러니, 무너지지 않으려 애쓰지 마라. 무너져도 괜찮다. 다시 일어나서 걸으면 된다.
혼돈은 당신을 망가뜨리기 위해 오는 것이 아니다. 당신만의 별을 잉태하기 위해 찾아오는 축복이다.

"인간은 방황한다. 그러나 혼돈 속에서
단련되고 그 안에서만 별이 태어난다.
그 별은 누구도 대신 그려줄 수 없다.
혼돈을 명랑하게 받아들이고
앞으로 나아가는 자만이 자기만의 별을 만든다."

방황하는 자의 눈에만
보이는 풍경

"모든 것은 사물 자체가 아니라
우리가 사물을 보는 방식에 달려 있다."

칼 융

돼지는 목의 각도상 하늘을 바라볼 수 없다고 한다. 단 하나, 하늘을 볼 수 있는 유일한 순간은 넘어지는 그 찰나다. 이 말은 우리에게도 적용된다.

평소에는 인식하지 못하던 시야와 관점이 넘어지는 순간 '불쑥' 열린다. 모든 것이 순조롭고 잘 풀릴 때는 자신을 객관적으로 바라보기 어렵다. 자만이 고개를 들고 내가 걷는 길이 정답이라 착각하기 쉽다.

그러나 삶에 균열이 생기고 넘어지는 순간, 우리는 비로소 멈춰 서서 돌아보게 된다. 무심코 지나쳤던 것들이 다시 보이고 놓쳐왔던 의미들이 전혀 다른 얼굴로 다가온다. 그래서 넘어짐은 '기회'이기도 하다.

넘어짐은 오직 방황하는 자에게만 허락되는 풍경의 시작이다. 방황한다는 사실에 괴로워할 필요가 없는 이유도 여기에 있다.

앞서 말했듯, 방황하는 자는 낙오자가 아니라 탐색자다. 내면의 혼돈 속에서 별을 잉태하는 존재다. 돼지처럼 뜻하지 않게 새로운 하늘을 마주하듯, 우리 역시 예상치 못한 깨달음으로 삶의 방향을 바꾸게 된다.

이 과정은 심리학의 '더닝-크루거 효과'와도 닮아 있다. 아는 것이 적을 때 우리는 '우매함의 봉우리'에 선다. 무지 속의 자신감, 다시 말해 '모른다는 것을 모르는 상태'다.

하지만 곧 현실을 자각하게 되면 '절망의 계곡'으로 곤두박질친다. 많은 이들이 이 지점에서 주저앉는다. 그러나 진짜 배움은 바로 거기서 시작된다. 자신감이 무너진 바로 그 자리에서 비로소 사람은 스스로를 진지하게 들여다보게 된다.

나 역시 한때 앞이 보이지 않는 불안과 혼돈 속에서 길을 잃었다. 무언가를 해야 한다는 조급함과 아무것도 보이지 않는 막막함 사이에서 나는 서서히 무너지고 있었다.

하지만 그 넘어짐은 뜻밖에도 나를 멈춰 세웠고, 멈춰 선 그 자리에서 나는 처음으로 '방향'이라는 것을 생각하게 되었다. 그렇게 나는 책을 집었고 글을 쓰기 시작했다.

방향은 멀리서 오는 것이 아니라 바로 그 멈춤 속에서 열리는 것이었다.

그러니 넘어졌다고 낙담하지 마라. 그 순간이야말로 새로운 시야가 열리는 때다.

진짜 기회는 내가 가장 무너졌다고 느끼는 바로 그곳에서 시작된다.

"넘어지고 주저앉았다면
곧바로 일어서기보다 잠시 풍경을 둘러보자.
그 속에 예상하지 못한 방향,
그리고 나를 위한 답이 숨어 있을지도 모른다."

멘탈이 흔들릴 때
인지해야 할 5가지

"나의 젊음과 힘을 믿어라. 모든 것이 내가 하기 나름이라고
끊임없이 자신에게 말하는 법을 배우라."

앙드레 지드

살다 보면 멘탈이 흔들리는 순간이 있다. 그럴 때마다 이 5가지 글귀를 읽으며 필사를 하자.

1. 흐린 물은 가만히 두면 맑아진다.

마음을 휘젓는다고 답이 나오진 않는다. 오히려 더 탁해질 뿐이다. 잠시 멈추고 가만히 두면 감정의 찌꺼기는 바닥으로 가라앉고 맑은 의식이 위로 떠오른다.

이럴 땐 억지로 뭘 하려 하지 말고 스스로를 쉬게 해주는 것부터 시작하라.

**2. 산은 가만히 있어도 정상이 보인다. 지금은 한 걸음에 집
중할 때다.**

멀리 있는 정상만 바라보면 숨이 차고 의욕이 꺾인다. 하지
만 한 걸음씩 걷다 보면 어느새 그 정상에 도달해 있다. '지금
내가 딛는 한 발'이 가장 중요하다.

속도가 느려도 괜찮다. 지금의 한 걸음이 결국 당신을 그곳
까지 데려다줄 것이다.

3. 강한 바람이 지난 자리에 단단한 뿌리가 남는다.

바람을 견딘 나무는 뿌리를 깊게 내린다. 삶의 고난도 마찬
가지다. 흔들림 없이 자란 존재는 쉽게 꺾인다. 오히려 거센 바
람을 견딘 나무가 더 깊이 뿌리를 내린다.

당신이 지금 겪는 시련은 당신을 더 깊고 단단하게 만들고
있다.

4. 지금 흔들리는 것이 나를 더 유연하게 만들어준다.

진짜 강한 사람은 쓰러지지 않는 사람이 아니라, 쓰러져도
다시 일어설 줄 아는 사람이다. 넘어졌다고 자책하지 마라.

그 경험은 당신의 회복 탄력성을 키워주는 소중한 시간이다.

흔들림은 당신을 더 유연하고 강한 사람으로 만든다.

5. 길이 보이지 않는 건 안개 때문이지, 길이 없는 게 아니다.

앞이 흐릿하다고 해서 길이 없는 것은 아니다.

길은 언제나 존재하지만 안개 속에 숨어 있을 뿐이다.

확신 없는 걸음이라도 그 발자국이 쌓이면 결국 나만의 궤적이 된다.

지금은 보이지 않아도 돌아보면 분명히 알게 될 것이다.

그 길은 처음부터 당신을 위한 길이었다는 것을.

"내가 바라보는 관점에 따라 세상의 모든 현상은
달라진다. 현상 자체는 내가 바꿀 수 없지만
그것을 바라보는 '태도'는 언제든
내가 선택할 수 있다. 결국 중요한 것은
현상이 아니라 그것을 마주하는 '나'다."

좌절과 분노는
꼭 필요한 감정이다

"우리는 나비의 아름다움에 기뻐하지만 그 아름다움을 얻기 위해
나비가 겪은 변화는 거의 인정하지 않습니다."

마야 안젤루

길을 잃고 방황할 때도 우리는 에너지가 필요하다. 그 에너지
는 어디서 오는가? 놀랍게도 삶에 대한 회의감, 그리고 나 자
신에 대한 좌절과 분노에서 비롯된다.

   흔히 이런 감정은 억누르거나 피해야 할 것으로 여겨진다.
하지만 때로는 성장의 임계점을 여는 열쇠가 되기도 한다.

   나는 어릴 때부터 만화를 좋아했다. 특히 투니버스의 전성

기 시절 「드래곤볼」은 내 세계를 바꾼 만화였다. 수많은 장면이 인상 깊었지만 가장 잊히지 않는 건 나메크성 에피소드다.

동료의 죽음을 눈앞에서 목격한 손오공은 깊은 절망에 빠진다. 그리고 그 감정이 폭발하며 마침내 슈퍼사이어인으로 각성한다.

그 장면을 본 어린 나는 본능적으로 깨달았다.

"사람은 극한의 감정을 마주할 때 한계를 넘는구나."

그땐 언어로 설명할 수 없었지만 그 전율은 마음 깊이 새겨졌다. 시간이 흐르며 나는 확신하게 되었다. 좌절과 분노는 나를 무너뜨리는 '나쁜 감정'이 아니라 날 일으켜 세우는 감정일 수도 있다는 것을.

사람들은 분노를 억제해야 한다고 말한다. 하지만 그것을 어떻게 다루느냐에 따라 분노는 파괴가 되기도 하고, 삶을 다시 태우는 연료가 되기도 한다.

나 역시 그 감정들을 지나왔다. 여러 아르바이트를 하며 삶을 다각도로 바라보고 나만의 길을 찾는 과정에서 스스로에게 수없이 물었다.

"남들이 하라는 대로 사는 게 아니라 나대로 살아야 하지 않을까?"

"성적에 맞춰 입학한 대학교는 내 삶과 어떤 관련이 있지?"

"정말 이게 내가 원하는 인생인가?"

그 질문들이 결국 나를 다시 일으켰다. 좌절과 분노는 나를 쓰러뜨린 감정이 아니었다. 오히려 내가 나로 다시 서게 만든 감정이었다.

"삶은 책상 위에서만 이해되지 않는다.

때로는 마음이 이끄는 대로 움직이며,

좌절과 분노, 혼란과 갈망 같은 날것의 감정들과

부딪혀야 한다. 그 감정들 속에서 우리는

조금씩 진짜 자신에게 도달한다.

바로 그것이 삶을 살아내는 일이다."

나를 잃어버리는
과정

"자기 자신만 잃지 않는다면 그 어떤 삶이라도 영위할 수 있다.
모든 것을 잃어도 좋다. 내 자신으로 머물러 있을 수만 있다면."

요한 볼프강 폰 괴테

SNS가 발달하면서 많은 사람들이 자신의 삶에 만족하지 못
하는 순간을 자주 마주한다. 왜 그럴까? 이유는 의외로 단순하
다. 너무나 타인을 의식하며 살아가기 때문이다. 우리는 '정답'
처럼 보이는 타인의 삶에 끌리고, 별다른 질문 없이 그 흐름에
편승한다. 하지만 스스로에게 진지하게 물어보자.

지금까지의 삶에서 나는 얼마나 내 뜻대로 생각하고, 선택
하고, 행동하며 살아왔는가?

돌이켜보면 많은 순간이 타인의 기준과 시선에 이끌린 삶이었을지도 모른다. 그렇기에 지금 방황하고 있다면 절대로 이러한 굴레를 반복해서는 안 된다.

나를 잃어가는 굴레
1. 모두에게 인정받으려 한다.
2. 특정 사람에게 잘 보이려 애쓴다.
3. 그런데 그 사람은 반응하지 않는다.
4. 우울해지고 자존감이 무너진다.
5. 다시 잘 보이기 위해 애쓴다.
6. 결국 같은 굴레에 갇힌다.

이러한 굴레에서 빠져나오는 방법은 무엇일까?

바로 '미움받을 용기'로 살아가는 것이다. 달리 말하면, 타인의 기대보다 내 내면의 소리에 충실하겠다는 결단이다.

모두에게 좋은 사람이 되려고 애쓰는 순간, 나는 조금씩 내 삶의 주인 자리에서 밀려난다.

우리는 종종 타인의 시선을 '현실'이라 착각한다. 하지만 그것은 현실이 아니라 편집된 기대에 불과하다. 그 기대에 맞추기 위해 내 감정과 욕구를 억누르다 보면 어느 순간 나는 내가 누구였는지조차 잊게 된다. 그러니 단호히 말하자.

"내 인생의 기준은 내가 정한다."

나를 깎아가며 얻은 인정은 결국 나를 더 고립시킨다. 하지만 나 자신을 지키며 만든 삶은 조금 늦더라도 나다운 방향으로 흘러간다. 이 글이 끝나기 전에 내 삶을 한 번 성찰해보자.

하루 중 '나를 위한 일'을 한 적이 있는지?

있다면, 그 비율은 얼마나 되는가?

당신은 지금 자신의 삶을 살고 있는가?

아니면, 타인의 삶을 대신 살아주고 있는가?

"인정받기 위해 사는 삶은 끝이 없다.
그 끝에는 내가 아닌 타인의 기대를 본뜬
괴상한 내가 서 있을 것이다. 중요한 건
내가 나를 인정하는 용기다.
그리고 그 용기를 행동으로 옮길 때
비로소 진짜 나로 사는 삶이 시작된다."

구불구불한 길은
사실 최적의 경로다

"길이란 걸어가면서 만들어지는 것이다."

장자

누군가는 포장된 길을 걷고, 또 다른 누군가는 비포장된 길을 걷는다. 하지만 우리는 종종 묻는다.

'왜 나는 이런 길을 가야 하지?'

그러나 불만에 사로잡히기보다 이 길이 오히려 나에게 가장 알맞은 경로였을 수 있다는 가능성에 마음을 열어야 한다.

수학계의 노벨상이라 불리는 필즈상 수상자 허준이 교수는 이렇게 말했다.

"연구를 통해 성과를 내려면 100번, 1000번의 실패를 감수해야 합니다. 즉각적인 보상은 없어요. 계속 실패하다 보면 어느 순간 깨달음이 찾아오죠. 사람들은 제 연구를 대단하다고 하지만 사실 저는 100일 중 99일은 엉망인 결과를 냅니다."

성공으로 향하는 길은 언제나 직선이 아니다. 연구도 인생도 탐색과 실패로 이루어진 비선형의 여정이다. 중요한 건 실패를 끝이 아니라 탐색의 일부로 바라보는 관점이다. 넘어졌다면 다시 일어설 이유를 찾는 태도가 결국 우리를 성장시킨다.

허 교수는 이어 말했다.

"제가 걸어온 길은 구불구불했지만, 저한테는 그게 가장 좋고, 빠르고, 최적화된 길이었던 것 같아요. 마음을 여유롭게 가지시고 천천히 한 발짝씩 나아가면 좋은 결과가 있을 거라 믿습니다."

이 세상에 헛된 길은 없다. 돌아간다고 느꼈던 길도, 멈췄다고 생각했던 순간도, 결국은 당신을 이끌어온 하나의 조각이었다.

나 또한 가볍게 시작했던 '글쓰기'가 어느새 삶의 중심이 될 줄은 몰랐다. 대부분의 사람들도 마찬가지일 것이다. 지금 하고 있는 일이 불과 몇 년 전만 해도 상상조차 하지 않았던 일일 수 있다. 어쩌다 보니 여기까지 온 것처럼 보여도 그 모든 흐름에는 분명 의미와 맥락이 있었던 것이다.

우리는 흔히 '무엇을 해야겠다'는 확고한 각오로 삶의 방향이 정해진다고 믿는다. 하지만 실제로는 그렇지 않다. 삶은 계획이 아니라 여러 시도 속에서 형성된다.

그래서 첫 시작은 가볍게 무엇이든 시도해보는 것이 좋다. 그 길이 거칠고 낯설더라도 망설이지 말고 일단 걸어보자. 돌아보면 그 길이 나를 멀리 데려다준 최적의 경로임을 알게 될 것이다.

"곧고 반듯한 길만이 정답은 아니다.
오히려 돌아가는 길, 때때로 멈춰 선 길에서
우연히 중요한 것을 깨닫기도 한다.
구불구불하고 비포장 도로일지라도
일단 걸어봐야 그 의미를 알 수 있다."

능동적 방황은
탁월해지는 길이다

"모든 것에는 균열이 있다. 거기로 빛이 들어온다."

레너드 코헨

방황에는 두 가지 방식이 있다.

첫째는 수동적 방황이다. 주어진 환경에 휘둘리며 불만만 품고, 변화는 시도하지 않는다. 외부를 탓하며 정체된 채로 답을 기다리는 방황이다.

둘째는 능동적 방황이다. 스스로 질문하고 의미를 찾으며 움직인다. 자신의 상태를 직시하고 시행착오 속에서도 원하는

방향을 탐색한다. 실패도 배움으로 바꾸며 다음 단계로 나아
간다.

능동적 방황은 목적을 가진 탐색이며 자기 자신을 재창조하
는 여정이다. 그 방황은 곧 탁월함으로 가는 문이 될 수 있다.
그렇다면 어떻게 능동적으로 방황할 수 있을까?

이 질문에 대한 답을 5가지로 정리했다.

1. 스스로에게 질문하라.

"나는 지금 무엇이 불편한가?"

"진짜 내가 원하는 건 무엇인가?"

이 질문은 방황을 멈춤이 아닌 탐색의 시작점으로 바꿔
준다.

2. 직접 경험하라.

답은 책 속에만 있는 것이 아니다. 여행, 창작, 낯선 사람과
의 만남, 새로운 일에의 도전 등 삶의 질감은 몸으로 부딪혀봐
야 비로소 이해된다.

3. 배움을 멈추지 마라.

책, 강연, 수업, 부업, 일상의 질문들. 배움은 시야를 넓히고 나아갈 길을 조금씩 밝혀준다. 능동적 방황은 늘 배우는 자의 특권이다.

4. 실패를 연료로 삼아라.

능동적인 사람은 실패에서 멈추지 않는다. 실패는 탐색의 흔적이며 다음 선택을 더 정교하게 만드는 재료다.

5. 기록하고 성찰하라.

글을 써라. 생각은 눈에 보일 때 비로소 다듬을 수 있다. 기록은 거울이 되고, 성찰은 방향이 된다. 지금 당신이 어디쯤 와 있는지를 가늠하게 해준다.

틈이 있어야 빛이 스며든다. 균열은 결함이 아니라 가능성의 시작이다. 완벽하려 애쓰기보다 약간의 여유와 빈틈, 그리고 유연함을 품어라. 삶은 바로 그런 틈에서 숨 쉬고, 그 속에서 자신만의 빛을 품는다.

"능동적으로 방황하는 사람만이

자신만의 삶을 구축할 수 있다.

정답에 집착하기보다는 다양한 세계와 충돌하며

스스로의 사유 지형을 확장해야 한다. 방황은

실패가 아니라 탁월함으로 가는 정직한 통로다."

가장 힘들 때
가장 성장한다

"당신이 세운 계획이 무너졌다고 좌절하지 마라.
인생은 늘 계획 밖에서 자라난다."

요한 볼프강 폰 괴테

방황은 곧 지금이 내게 버거운 시기라는 신호다. 확실한 자리를 잡고 싶고 걱정 없는 삶에 몰두하고 싶다는 간절함. 하지만, 간절함이 클수록 현재는 더욱 불안하고 혼란스럽게 느껴진다.

이럴 때일수록 꼭 기억해야 한다. 기다리던 순간이 와도 기쁨은 오래가지 않는다. 곧 또 다른 과제가 찾아오고 새로운 고민이 덮친다. 쇼펜하우어가 말했듯 인간은 결코 완전히 만족할 수 없다. 욕망은 늘 다른 얼굴로 돌아오고, 고통은 다시 문을 두드린다.

그래서 우리가 취할 수 있는 최선은 이 순간을 있는 그대로 받아들이며 나아가는 것이다. 현실을 탓해도 삶은 바뀌지 않는다. 쇼츠와 릴스, 게임으로 도피해도 내일은 여전히 같은 자리에 있을 것이다. 그러니 이 말을 기억하자.

'지금 내가 힘든 건 그만큼 성장하고 있다는 증거다.'

퇴근 후 녹초가 된 몸으로 운동화 끈을 묶을 때
주말의 유혹을 뿌리치고 자격증 책을 펼칠 때
실패한 프레젠테이션을 복기하며 다음을 준비할 때
인연이 떠난 밤, 눈물 속에서 내일을 다짐할 때

삶을 바꾸는 지점은 언제나 벅찬 시기에 온다. 그리고 삶이 심연에 닿을 때 우리는 비로소 알게 된다.

1. 끝까지 곁에 남는 사람의 진심은 무엇보다 소중하다.

2. 자기비하와 자책은 가장 먼저 나를 무너뜨린다.

3. 하루를 무사히 살아내는 것만으로도 충분히 위대하다.

4. 따뜻한 말 한마디는 그 어떤 조언보다 깊은 위안이 된다.

5. 세상에는 내가 통제할 수 없는 일이 훨씬 더 많다.

6. 자만은 결국 언제든 무너질 수밖에 없는 사상누각이다.

7. 책 속 한 줄이 인생을 붙잡아주는 순간이 있다.

삶은 뜻대로 되지 않을 때 가장 많은 걸 가르쳐준다.

힘든 순간은 나를 시험하는 것이 아니라 나를 확장시키는 시간이다.

무너지는 감정, 반복되는 실패, 혼자만 뒤처지는 듯한 불안 속에서도 내 안에 숨겨졌던 또 다른 가능성이 깨어난다.

"사는 건 레벨업이 아니라

스펙트럼을 넓힌다는 말이 있다.

더 높이 올라가야 한다는 강박이 아니라

더 넓게 바라볼 자유가 있다는 것.

경쟁이 아닌 확장, 비교가 아닌 나만의 색깔.

이것이야말로 진짜 성장 아닐까?"

Billionaire
×
Messenger

2장

혼자 있는
시간의 힘

고독

능동적인 고독을
해라

"현명한 사람은 적절한 거리를 두고 불을 쬐지만,
어리석은 자는 불에 손을 집어넣고 화상을 입고는
고독이라는 차가운 곳으로 도망쳐 불이 타고 있다고 탄식한다."

아르투어 쇼펜하우어

이 말의 핵심은 고독을 대하는 태도에 있다. 고독이 능동적인
가, 아니면 타의적인가.

타의적인 고독은 마치 화상을 입고 도망치듯 고립된 상태
다. 스스로 불에 다가가 놓고선 그 아픔을 외부 탓으로 돌리며
차가운 고독 속에서 자신의 처지를 비관한다.

반면, 능동적인 고독은 불을 적당한 거리에서 쬐는 현명한
태도다. 혼자라는 것을 두려워하지 않고, 오히려 그 시간 속에

서 자신을 단련하고 삶의 체온을 유지한다.

쇼펜하우어는 이어 말했다.

"평범한 사람은 고독을 두려워하지만, 위대한 사람은 고독을 기회로 삼는다."

많은 이들은 고독을 외로움으로만 본다. 그러나 고독은 받아들이는 자세에 따라 '깊이 있는 삶'으로 연결될 수 있다. 고독을 기피할수록 타인의 시선과 판단에 휘둘리게 된다.

지성인은 고독을 피하지 않는다. 그는 혼자 있는 시간 속에서 책을 읽고, 사유하며, 성찰하고, 다음 행동을 준비한다. 고독은 약한 이에게는 짐이지만 강한 이에게는 도구가 된다. 능동적으로 고독을 선택해야 하는 이유는 분명하다.

1. 선택과 집중을 위해

2. 재능이 자라는 토양이 되기에

3. 군중에서 벗어나 자기 성찰을 하기 위해

4. 창의성과 생산성을 높이기 위해

5. 내면의 에너지를 회복하기 위해

6. 타인의 시선에서 벗어나기 위해

7. 진정한 자아를 형성하기 위해

의식적으로 혼자 있는 연습이 필요하다. 외로움을 피하고자 무리 속에 자신을 억지로 끼워 넣는다면 끝내 자기 자신을 잃게 된다.

고독 속에서야말로 진짜 축적이 일어난다. 그러니 혼자 있는 시간을 두려워하지 마라.

내가 진정 원하는 것에 집중하고 몰입하는 시간으로 만들어 가라. 그 시간은 삶을 깊게 만들고 이후 관계와 일까지 더 단단하게 해줄 것이다.

"혼자 있는 것이 두려운 사람은 아무것도 이룰 수 없다.
때로는 기꺼이 혼자 있는 연습을 하라.
그 고요한 시간들이 삶의 밀도를 높이고,
결국 당신의 일과 관계까지도
명확하게 만들어줄 것이다."

쇼펜하우어에게 배운
고독

"평범한 사람은 시간을 죽이는 것에 골몰하고, 재능 있는 사람은
시간을 사용하며, 천재는 고독 속에서 시간과 대화한다."

아르투어 쇼펜하우어

쇼펜하우어는 내게 '고독'의 진짜 의미를 일깨워준 인물이다.
그의 글들을 깊이 읽지 않았다면 고독의 시간은 불안과 무력감
으로만 채워졌을 것이다. 나는 그 시간을 글쓰기로 전환했다.

글을 쓰지 않았다면 끝없는 자기비하 속에 빠져 우울의 늪에
서 헤어 나오지 못했을지도 모른다. 그러나 나는 고독을 무의
미하게 흘려보내지 않았다. 혼자인 시간을 생산적인 활동으로
채우며 삶을 성찰했고, 고독에 갇히기보다는 그것을 다루는

방법을 배워나갔다.

지혜가 필요할 땐 책을 통해 다른 삶을 들여다보았고,
마음이 흔들릴 땐 글을 써서 중심을 붙들었으며,
체력이 떨어질 땐 운동으로 회복탄력성을 길렀고,
생각이 정리되지 않을 땐 산책을 하며 사색을 했다.

나는 고독을 피하지 않았다. 오히려 의식적으로 마주했고, 그것을 삶의 자양분으로 바꾸기 위해 애썼다. 그 결과, 혼자 있는 시간은 더 이상 고통이 아닌 나를 단련시키는 성장의 시간이 되었다.

방황이 찾아오면 고독도 함께 온다. 그리고 그 고독 속에서 우리는 자신을 다시 구축하려는 내밀한 의지를 발견하게 된다.

생각해보라. 어떤 위대한 삶도 군중 속에서 길러지지 않았다. 그들은 고독의 시간 속에서 사유했고, 내면의 목소리에 귀를 기울이며 더 나은 삶을 계획하고 준비했다.

특히 지금처럼 외부 소음이 가득한 시대일수록 우리는 더 자주 고독과 마주하게 된다. 누군가는 그 시간 동안 SNS와 영상 속으로 도피하고, 또 누군가는 조용히 자신이 해야 할 일을 돌아보며 묵묵히 나아간다.

지금의 당신은 어느 쪽에 서 있는가?
고독을 피하고 있는가,
아니면 고독을 삶의 자산으로 바꾸고 있는가?
지금의 선택이 1년 후 삶의 결을 바꾼다.

"사람은 결국 두 부류로 나뉜다.

고독을 견디지 못해 도피하는 사람,

고독을 통해 의식을 확장하는 사람.

고독은 양날의 검이다. 피하면 상처가 되지만

다루면 도구가 된다. 고독을 회피하지 말고

그 시간을 삶의 설계도로 삼아라.

모든 축적은 혼자 있는 시간에서 시작된다."

고독할 때
재능이라는 꽃이 피어난다

"재능은 고독 속에서 가장 크게 발전할 수 있지만,
인격은 세상의 험난한 풍파 속에서 가장 잘 형성된다."

요한 볼프강 폰 괴테

인격은 세상과의 마찰 속에서 단련되지만, 재능은 고독 속에서 자란다. 우리는 모두 각자의 재능을 지니고 있다. 단지, 아직 그걸 발견하지 못했을 뿐이다. 그렇기에 고독의 시간은 반드시 필요하다.

그 시간 안에서 마음이 움직이는 대로 시도해봐야 한다. 책을 읽고, 글을 쓰고, 운동을 하고, 강의를 듣고, 무작정 콘텐츠를 만들어보기도 하며. 그 모든 시도들이 결국 나를 확장시킨다. 핵심은 단 하나, 실행하는 것이다.

괴테는 또 이렇게 말했다.

"지금 네 곁에 있는 사람, 네가 자주 가는 곳, 네가 읽는 책
들이 너를 말해준다."

환경이 사람을 만든다. 지금의 환경은 당신을 성장시키고
있는가, 아니면 정체시키고 있는가?

성장은 결코 우연히 오지 않는다. 자신을 둘러싼 환경을 의
도적으로 선택하고 조성할 때 비로소 잠재력은 빛을 낸다. 그
과정에서 능동적인 고독은 외부의 소음을 덜어내고, 스스로에
게 가장 집중할 수 있는 성장의 환경이 된다.

당신의 에너지를 앗아가는 사람들, 말없이 당신을 지치게
하는 관계가 있다면, 주저 없이 거리를 두어야 한다. 착한 사람
콤플렉스를 내려놓아야 한다. 가장 가까운 존재가 당신의 성
장을 가로막고 있을 수 있다.

물론, 모든 관계를 끊어낼 수는 없다. 그렇다면 스스로 거리
를 조절하는 것이 현명하다. 군중 속에 휘둘리지 말고 혼자 있

는 시간을 의식적으로 늘려가야 한다.

그들과의 만남이 때로는 당신에게 위로가 될 수도 있다. 하지만 자주 반복되면 결국 당신의 시간과 에너지를 갉아먹는다. 거절이 어려워 모든 제안에 "예스"라고 말하게 된다면 당신을 위한 축적의 시간은 점점 줄어들 수밖에 없다.

그러니 잊지 마라. 재능은 고독 속에서 자란다. 혼자 있는 시간을 두려워하지 마라. 그 시간은 결코 공허하지 않다. 바로 그 시간 속에서 당신은 가장 선명한 자기 자신과 마주하게 된다.

"빛나기 전에는 반드시 어둠을 견뎌야 한다.

그 어둠을 기억하는 사람만이 진짜 빛이 된다.

혼자였던 시간, 아무도 보지 않았지만

당신이 묵묵히 해낸 일들을 잊지 마라.

세상이 몰랐던 그 시간들이 결국

당신을 단단하게 만들고 '결실'이라는 이름으로

돌아올 것이다. 빛은 기다리는 자가 아니라

버틴 자에게 온다."

행복할 수 있는
유일한 방법

"언제나 현재에 집중할 수 있다면 행복할 것이다."

파울로 코엘료

인간은 동물과 달리 '현재'에만 머물지 않는다. 과거를 돌아보며 실수를 곱씹고, 미래를 상상하며 불안을 키운다. 문제는 이 능력이 때때로 인간을 불행하게 만든다는 것이다.

하버드대 심리학자 매튜 킬링스워스와 대니얼 길버트는 2,250명을 대상으로 일상 속 행복도를 조사했다. 그 결과는 명확했다. 지금 하고 있는 일에 몰입할수록 사람들은 더 행복했고, 딴생각을 할수록 불행해졌다.

특히 운동, 일, 대화처럼 몰입이 필요한 활동 중에는 행복감이 상승했고, 스마트폰 사용이나 멍한 휴식처럼 집중도가 낮은 시간에는 오히려 우울감이 증가했다. 행복은 '지금 이 순간'에 온전히 몰입할 때 찾아온다는 사실을 보여주는 연구다.

물론 휴식도 중요하다. 하지만 과도한 무위는 무기력과 불안을 낳는다. 연휴 내내 아무것도 하지 않으면 마음이 흐릿해지고 이유 없는 공허함이 밀려든다. 왜일까? 인간은 본능적으로 움직이며 살도록 설계된 존재이기 때문이다.

수렵 채집 시절부터 우리는 늘 무언가를 찾고 만들어 내며 생존해왔다. 그래서 우리는 일할 때, 몰입할 때, 살아 있음을 느낀다.

나 역시 이렇게 글을 쓸 때 몰입의 힘을 실감한다. 시간이 두 배로 빠르게 흐르고, 그 순간만큼은 어떤 외로움도 불안도 잊혀진다. 그렇다면, 우리에게 진짜 행복한 몰입이란 어떻게 찾아오는 걸까?

심리학자 미하이 칙센트미하이가 말하기를 몰입은 '능력'과

'과제 난이도'가 균형을 이룰 때 발생한다고 설명한다. 이 과정은 불안 → 각성 → 몰입 → 자신감 → 안정의 흐름을 따른다. 즉, 행복한 몰입에 이르기 위해서는 불안을 통과해야 한다는 말이다.

그렇기에 지금 당신이 불안하고 혼란스럽다면 오히려 좋은 신호다. 몰입은 언제나 약간의 불편함을 동반하고, 그 불편함은 집중을 통해 비로소 기쁨으로 바뀐다. 그리고, 이 모든 과정은 '혼자 있는 시간' 속에서 가장 잘 일어난다.

고독이란 나 자신과 깊게 연결되는 시간이며, 삶의 본질에 닿을 수 있는 공간이다. 불안한 혼자보다는 몰입하는 혼자가 되라. 몰입을 통해 얻은 그 행복감은 고독이라는 공간을 더 이상 두렵지 않게 만들고, 오히려 삶의 중요한 자산으로 바꿔준다. 고독은 인간에게 주어진 가장 큰 축복이다.

"몰입은 삶의 방향을, 고독은 삶의 깊이를 만든다.

지금 당신이 어디에 있든

고독 속 몰입의 시간을 허락하라.

그 시간이 결국 당신을

행복한 사람으로 만들어줄 것이다."

고독은 두 가지 면에서
우리를 성장시킨다

"지적으로 훌륭한 사람에게 고독은 두 가지 이득을 가져온다.
첫째는 자기 자신과 함께 있을 수 있다는 것이고,
둘째는 타인과 함께 있지 않아도 된다는 것이다.
그런데 두 번째가 중요하다. 타인과의 교제가 얼마나 많은 강제와
번거로움, 또한 위험까지 따르는지를 생각해 보면 곧 알 수 있다."

아르투어 쇼펜하우어

왜 쇼펜하우어는 그토록 고독을 강조했을까? 그는 말했다.

"평범한 사람은 외로움을 견디지 못하고, 뛰어난 사람은
군중을 견디지 못한다."

그에게 고독은 삶을 깊이 있게 살아내기 위한 사유의 조건이
었다. 자기 자신과 머무는 법을 아는 사람만이 외부의 소음에
휘둘리지 않고 내면의 목소리를 들을 수 있기 때문이다.

그는 또한 강조했다. "우리의 모든 불행은 혼자 있을 수 없다는 데서 비롯된다." 혼자가 두려워, 외로운 것이 무서워 언제나 타인에게 길들여진 인간은 끝내 불행해질 수밖에 없다. 스스로 해낼 수 있는 것이 없기에 언제나 군중에 속하게 되고 이리저리 휘둘리며 삶을 마감하게 된다.

그 생각은 니체에게로 이어졌다. 니체는 "나는 무리지어 다니는 사람들 중 제대로 된 인생을 사는 사람을 본 적이 없다"고 말했다. 니체는 진짜 삶은 혼자 있는 시간 속에서 시작된다고 믿었다. 나 역시 그들의 사유에 기댄 채 살아오며, 고독이 생각보다 훨씬 더 많은 것을 얻게 한다는 걸 알게 되었다. 그래서 이 책의 2장을 '고독'으로 묶기로 했다.

고독은 결핍의 결과가 아닌 스스로를 발견하고 바로 세우는 근원적인 시간이다.

진정한 지성은 타인의 평가가 아닌 자기 사유의 깊이에서 비롯된다. 그리고 그 사유는 반드시 단독의 시간을 통과해야 한다.

문제는 이 사회가 우리에게 '고독'을 가르치지 않는다는 점이다. 우리는 어릴 적부터 타인의 시선과 인정에 적응하는 법만 배운다. 부모의 칭찬, 교사의 인정, 또래의 눈치를 기준 삼아 살아간다.

그 결과 우리는 '스스로의 기준'보다 '남들이 보기 좋은 삶'에 익숙해진다.

하지만 성인이 되면 기준은 사라지고 책임만 남는다. 더는 누구도 대신 내 삶을 살아주지 않는다. 이제 막 대학을 벗어난 이들이 필연적으로 방황하는 이유도 여기에 있다. 처음으로 모든 책임이 자기 손에 쥐어지기 때문이다.

이때 고독을 감당할 수 있는 사람만이 흔들리지 않는 중심을 갖는다. 혼자 있는 시간은 마음을 정리하고, 나에게 필요한 방향을 다시 찾는 시간이다. 고독을 견딜 줄 아는 사람은 결국 스스로의 삶을 만들어간다. 그것이 성숙한 인간으로 나아가는 첫걸음이다.

"누군가가 이끄는 삶이 아니라
내가 나를 이끄는 삶을 살아야 한다.
그 삶을 연습하는 가장 기초적인 방식이
바로 '고독'이다. 고독을 두려워하지 말고
온전히 받아들여라.
그 안에서 당신만의 삶이 자라난다."

혼자가 될 때
깨닫게 되는 것 5가지

"강한 사람이란
가장 훌륭하게 고독을 견뎌 낸 사람이다."

쉴러

나는 또래 친구가 없다. 주로 혼자 지내며 독서와 글쓰기, 운동에 집중한다. 그렇다고 외롭지는 않다. 나는 행복한 몰입을 통해 내 삶에 집중하고 있으며, 그 덕분에 매일 조금씩 앞으로 나아가고 있다. 지난 2년간 글을 쓰며 고독 속에서 다음 5가지를 깨달았다.

1. 쓸데없는 기분과 에너지 낭비를 막을 수 있다.

인간은 무한한 에너지를 가진 존재가 아니다. 하루에 쓸 수 있는 감정과 집중력은 정해져 있다. 타인의 말이나 시선에 흔들리다 보면 내 삶에 쏟아야 할 에너지가 새어나간다. 혼자 있는 시간에는 그런 낭비가 없다. 오롯이 나에게 집중할 수 있다.

2. 내가 원하는 것에 몰입할 수 있다.

주변에 사람이 많을수록 만남이 많아진다. 거절도 쉽지 않다. 하지만 혼자 있을 때는 방해받지 않는다. 원하는 시간에 원하는 만큼 집중할 수 있다. 그 몰입은 복리처럼 축적되어 삶을 단단하게 만든다.

3. 관계로부터 자유로워진다.

불필요한 인간관계에 휘둘리지 않게 된다. 누구에게 잘 보이려 애쓸 필요도, 억지로 어울릴 이유도 없다. 눈치를 보지 않아도 되는 삶은 의외로 큰 해방감을 준다. 내 삶의 주도권을 되찾는 시작이다.

4. 사색을 통해 삶을 재구성하게 된다.

대부분의 사람들은 깊이 있는 사유 없이 주어진 일상을 그대로 따라간다. 생각이 없으면 결국 타인의 기준과 환경에 이끌려 살게 된다. 하지만 능동적인 고독은 사색을 불러오고, 그 사색은 삶의 방향을 설계하게 만든다. 사색은 나를 다시 빚어내는 힘이다.

5. 내면이 단단해지는 계기가 된다.

사람들은 타인에게는 조언을 잘하지만 정작 자기 자신은 잘 모른다. 혼자 있는 시간은 나 자신을 깊이 들여다보게 만든다. 내가 나에게 귀 기울이는 시간은 성숙으로 나아가는 순간이다.

"지금의 관계에서 벗어나고 싶고,
삶을 더 단단히 세우고 싶다면
기꺼이 혼자가 될 용기를 가져야 한다.
고독 속에서만 누릴 수 있는
가장 깊은 행복이 존재한다. 그리고 그 시간 속에서
아직 만나지 못한 '진짜 나'를 발견하게 된다."

혼자 있는다고
무너지지 않는다

"최악의 외로움은
자기 스스로가 불편하게 느껴지는 것이다."

마크 트웨인

'고독'이라는 단어는 한국 사회에서 여전히 부정적으로 읽힌다. 사전을 펼치면 "세상에 홀로 떨어져 있는 듯한 외롭고 쓸쓸함"이라 정의되어 있다. 읽기만 해도 마음이 가라앉는다.

그래서 작가 사이토 다카시는 '고독' 대신 '단독'이라는 표현을 제안한다. 고독이 결핍의 느낌이라면, 단독은 자율성과 주체성을 품기 때문이다. 혼자 있는 상황도 스스로의 시선에 따라 완전히 다른 의미를 가진다.

하지만 나는 여전히 '고독'이라는 단어를 더 좋아한다. 그 안엔 인간 존재의 깊은 울림이 있다. 중요한 건 우리가 이 시간을 어떻게 쓰느냐다.

우리는 결정적인 순간에는 결국 혼자다. 고독은 피할 수 없는 운명이자 반드시 익혀야 할 삶의 기술이다. 혼자 있는 법을 모르면 당신의 삶은 점점 타인의 기대에 잠식된다.

혼자 있는 시간을 잘 보내기 위한 방법은 의외로 간단하다. 바로 독서와 글쓰기를 하는 것이다. 지금은 짧고 자극적인 영상이 지배하는 시대지만, 영상이 자극은 줄 수 있어도 사유를 이끌지는 못한다.

반면, 독서는 더 깊고 넓은 세계로 당신을 이끈다. 글쓰기는 생각을 정돈하고 스스로에게 질문을 던지게 한다. 그렇게 혼자 있는 시간에 몰입할수록 우리는 본질적인 나와 만나게 된다.

고독은 세상의 속도에서 잠시 벗어나 나를 다시 바로 세우는 시간이다. 우리는 사람들 속에 오래 머물수록 알게 모르게 타인의 감정과 기대에 흔들리기 쉽다. 잠깐의 거리두기만 있어도 나의 생각과 감정이 또렷해진다.

 겉으로는 나를 위하는 듯 보이는 관계들도 그 이면에는 각자의 이해가 얽혀 있다. 이 사실을 알고 나면 스스로를 지키기 위한 순간이 왜 필요한지 자연스럽게 깨닫게 된다. 그래서 고독은 자신을 잃지 않기 위한 필수적인 시간이다.

 우리는 정신없이 하루를 살아간다. 그러나 천천히 반추해보면, 대부분의 시간은 타인을 위한 일로 채워져 있고 정작 나를 위한 시간은 거의 없다. 이 사실은 혼자 깊이 사유하는 순간에야 비로소 깨닫게 된다.

 삶의 주체는 오직 나이며 삶의 주인공도 나다. 언제까지 타인의 기준에 종속되어 살아갈 것인가? 이제는 나만의 시간과 공간을 마련해 나 자신에게 집중해야 한다. 고독은 스스로를 지켜내는 힘이자 삶의 스펙트럼을 넓히는 성찰의 태도다.

"혼자 있는다고 무너지지 않는다.

오히려 삶은 충만해지고,

나 자신에게 더욱 집중할 수 있게 된다.

고독에 무너지지 말고 고독을 다룰 줄 아는

사람이 되어라. 그 순간 성숙한 삶이 시작된다."

미움받을 용기, 오해받을 용기, 고독할 용기

"내가 옳은 일을 하고 있다고 확신하는 한 다른 사람들이
내 행동에 대해 어떻게 생각하든 상관없다."

마하트마 간디

세상에 휘둘리지 않고 산다는 것은 생각보다 더 고독하고 더
많은 용기를 요구한다.

　미움받을 용기, 오해받을 용기, 고독할 용기는 인간에게 가
장 어려우면서도 동시에 가장 위대한 태도다. 살면서 누구나
사람들의 시선에 흔들린다. 모두에게 좋은 사람이고 싶은 마
음은 본능에 가깝다. 하지만 곧 깨닫게 된다. 아무리 애써도 모
든 이에게 사랑받을 수 없다는 사실을.

내 주변에 10명이 있다면, 그중 1~2명은 이유 없이 나를 싫어하거나 제대로 알지도 못하면서 오해하고 함부로 재단한다. 대상이 넓어질수록 나를 싫어하는 이들도 자연히 늘어난다. 그것은 내가 잘못해서가 아니다. 인간이라는 종의 본성일 뿐이다. 독일의 대문호 괴테도 수많은 미움과 오해 속에서 살았다. 그의 제자 에커만이 남긴 『괴테와의 대화』에는 이런 말이 나온다.

"나를 적으로 보는 자들이 있네. 나도 인간인 이상 결점과 약점이 있을 수밖에 없지. 그들은 내가 오래전에 청산한 결점을 들추며 나를 비난하곤 한다네. 하지만 그런 적들은 가장 무해한 존재라네. 내 뒤에서 그것도 몇 킬로미터나 떨어진 거리에서 화살을 쏘는 셈이니까.

나는 그런 비난에 연연하지 않네. 끝난 작품에 매달리지 않고 늘 새로운 것을 향해 나아가려 노력했지."

이 말은 두 가지를 일깨운다.

첫째, 인간은 남의 과거를 들추는 데 능숙하다.
둘째, 위대한 사람은 그 비난에 머물지 않고 자기 길을 간다.

96

그러니 우리의 태도는 분명해야 한다. 남의 평가에 무너져선 안 되며 타인의 시비에 내 감정과 시간을 낭비하지 말아야 한다. 우리가 해야 할 일은 오직 하나다. 묵묵히 그러나 분명하게 성장하는 것이다.

비난이 들려오는 방향을 돌아볼 필요는 없다. 이미 지나간 일에 발목 잡히지 말고 오늘의 발걸음에 집중해야 한다. 그리고 이 질문 앞에 솔직해져야 한다.

'모두에게 사랑받을 것인가, 나답게 살아갈 것인가.'

진짜 용기란 모두에게 사랑받지 못할 것을 감내하면서도 자기 삶을 자유롭게 개척해가는 것이다. 그 자유 속에서 비로소 우리는 진짜 '나'로 살아갈 수 있다. 오해받아도 멈추지 말고 미움받아도 계속 나아가라. 그리고 무엇보다 혼자서도 단단한 사람이 되어라. 세상이 당신을 사랑하지 않더라도 당신만은 자신을 끝까지 지켜야 하니까.

"나를 무시하고 음해하는 사람은
분명 나타날 것이다. 그럴 때마다
이 말을 스스로에게 되뇌어라."

"나는 모두에게 사랑받을 수 없다.
누군가는 나를 오해하고 모함할 것이다.
괜찮다. 그건 내가 멈추지 않고
앞으로 나아가고 있다는 증거이니까."

우선순위를
재정립하라

"중요한 건 일정표에 적힌 우선순위가 아니라
당신 인생의 우선순위를 정하는 것이다."

스티븐 코비

삶의 우선순위가 명확하지 않다는 건 목적지도 없이 표류하는
배와 같다. '생각 없이 살아간다는 말'은 철학적 사유의 부재가
아니라 지금 내가 왜 이 삶을 살아가고 있는지조차 모른 채 살
아간다는 뜻이다.

그렇다면 당신에게 가장 중요한 것은 무엇인가? 나에게 있
어 가장 핵심적인 우선순위는 단 하나였다. 내 메시지를 통해
타인에게 공헌하는 일. 누군가에게 도움이 되고자 한 마음은

오히려 나를 더 깊이 성장시켰다. 더 많이 읽었고, 더 깊이 사유했고, 더 단단하게 쓸 수 있었다. 그 과정 속에서 내가 어떤 사람으로 살아가고 싶은지 서서히 형태가 잡혀갔다.

우선순위 하나를 분명히 하자 삶은 극도로 단순해졌다. 집 – 학교 – 헬스장 – 알바. 사람을 만나는 일도 최소화하고, 자투리 시간까지 온전히 나를 위한 시간으로 바꾸었다.

집에서는 독서와 글쓰기에 몰입했고, 통학 시간엔 전자책을 읽었으며, 야간 알바 중엔 틈틈이 글을 썼다. 헬스장에서는 근력과 유산소 운동으로 체력을 끌어올렸다. 그 모든 시간은 빠짐없이 축적의 자원으로 환원되었다.

그 결과, 2년 만에 20만이 넘는 팔로워를 보유한 작가가 되었다. 그리고 그 과정을 지나며 확신하게 되었다. 우선순위가 분명하고 능동적 고독 속에서 깊이 몰입할 때 인간은 스스로도 놀랄 만큼 달라진다는 사실을.

스포티파이 창립자 다니엘 에크는 이렇게 말했다.

"나는 친목모임도 나가지 않고 사람들과 잘 어울리지 않는다. 초대하는 사람에게는 '감사하지만 아마 가지 않을 것'이라고 대놓고 말한다. 차라리 이렇게 말해주는 게 도움이 된다. 물론 사회적 관계를 맺으며 살아가야 하는 사람들에게 쉽지 않은 일이다. 하지만 나는 우선순위를 정하는 것만큼은 아주 무자비하다. 이것이 내가 집중력을 유지하는 방법이다."

모든 것을 챙기며 성공할 수 있다고 믿는 건 착각이다. 정말 중요한 하나를 이루고 싶다면 때로는 자신을 먼저 챙기는 결단이 필요하다. 우선순위를 분명히 하라. 그리고 그 하나를 중심으로 삶을 다시 짜라. 삶의 큰 전환은 언제나 단호한 결단에서 시작된다.

물론 현실의 벽은 높고 하루아침에 모든 것을 뒤집기는 어렵다. 그래서 '작은 조정'이 필요하다. 지금 이 순간 단 하나를 위해 환경을 조금이라도 더 유리하게 바꿔라. 에너지를 어디에 써야 할지 명확해지는 순간 삶은 자연스럽게 정돈된다.

삶의 본질은 선택이고, 선택의 본질은 우선순위다. 그걸 아는 사람은 불필요한 것에 흔들리지 않는다.

"완전한 몰입은 우선순위를 분명히 하고,
그에 맞게 환경을 정돈하는 순간부터 시작된다.
이 두 가지가 갖춰지지 않으면,
능동적 고독도 끝내 흐트러지고 만다."

나만의 에너지 장소를
만들어라

"혼자서 생각할 특별한 공간을 찾아라.
이 공간은 온전히 자신을 위한 공간이 되게 하라.
주기적으로 이곳을 들러 자신을 새롭게 하라."

조지프 캠벨

능동적인 고독을 실천하려면 공간이 필요하다. 그 공간은 오롯이 나만을 위한 밀실이면 좋다. 나의 경우, 매일 밤 방 안을 어둡게 하고 스탠드 하나만 켠 채 책을 읽고 글을 쓴다.

특히 누구의 방해도 받지 않는 새벽 시간을 가장 좋아한다.

그때 나는 매일 조금씩 새로워진다. 어제의 나보다 나아졌다는 확신이 조용히 마음 깊은 곳에서 피어난다. 물론 거창한 공간일 필요는 없다.

버스나 지하철 안에서 이어폰을 끼고 뉴에이지 음악을 들으며 책을 읽는 순간도 나만의 에너지 장소가 된다. 운전 중이라면 오디오북을 들으며 사유의 흐름을 이어갈 수 있다. 장소와 시간은 수단일 뿐 핵심은 '몰입'이다.

때로는 낯선 공간이 더 깊은 사유로 이끈다. 한때 난 제주도로 혼자 떠난 적이 있다. 성산일출봉 앞의 한적한 카페에서 전자책 원고를 쓰고, 숙소를 옮겨 다니며 책을 읽었다. 그 낯선 환경 속에서 나는 매번 '새로운 나'를 만났다.

뇌과학적으로도 새로운 환경은 뇌의 해마와 전두엽을 활성화시켜 기억력과 집중력, 창의성을 증진시킨다. 즉, 공간은 인식의 틀을 흔들고 몰입의 문을 연다.

그래서 나는 혼자 떠나는 여행을 권한다. 어떤 목적도 없이, 누구의 시선도 없이, 마음이 이끄는 대로 걸어보라. 어쩌다 마주친 풍경과 낯선 카페의 한 시간이 오히려 삶의 방향을 정돈해줄 수 있다.

때로는 그런 공간이 삶을 바꾸는 전환점이 되기도 한다. 내가 낯선 곳에서 나를 새롭게 만났듯, 누구에게나 자신을 재정비하고 사유를 깊게 할 수 있는 '에너지 장소'가 필요하다. 자신을 다시 세우고 마음을 수습하며 고요히 회복할 수 있는 내면의 거점 말이다.

그러니 지금 스스로에게 물어보라. '나는 나만을 위한 공간을 가지고 있는가?' 그렇지 않다면 하루 중 단 한순간이라도 온전히 나에게 집중할 수 있는 시간을 떠올려보라. 그 순간이 바로 당신의 에너지를 축적하는 장소가 된다.

"나만의 에너지 장소에서 능동적 고독을 실천하라.
그 시간은 타인의 기대가 아닌
오직 '나의 삶'에 집중하는 시간이다.
그리고 그 몰입 속에서
당신은 매일 새로운 '당신'을 마주하게 될 것이다."

군중에
얽매이지 마라

"인생을 쉽고 편안하게 살고 싶다면
늘 무리를 이루는 사람들 속에 섞이면 된다.
그리고 항상 군중과 함께 어울리며 자신을 영영 잊으면 된다."

프리드리히 니체

니체의 이 말은 무리 속에서 자신의 정체성을 잃는 삶에 대한 경고다. 우리 사회엔 나를 성장시키는 커뮤니티도 자극을 주는 모임도 많다. 하지만 그 안에 오래 머문다고 해서 반드시 성장하는 것은 아니다. 진정한 성장은 타인에게 의지하지 않고 스스로 서려는 태도에서 비롯된다.

자립심이 없으면 내 삶은 쉽게 흔들린다. 언제까지나 군중에 기대어 살아갈 수는 없다. 결국 삶의 방향키는 내가 직접 쥐어야 한다.

시간이 흐를수록 내 사유의 체계를 스스로 세우는 일이 중요해진다. 나 자신에게 질문을 던지고 혼자서 답을 찾는 연습이 필요하다. 이것은 모든 이가 거쳐야 할 내면의 성장 과정이다.

문제는 이런 고독의 시간과 사유의 훈련이 한국 사회에서 좀처럼 허용되지 않는다는 점이다.

특히 조직 중심의 문화 속에서는 혼자 있는 사람에게 여전히 낯선 시선이 따라붙는다.

모임을 몇 번 빠지면 "너 요즘 왜 그래?", "공부는 됐고 나와서 좀 놀자" 이런 말을 듣게 된다. 그리고 곧 '이상한 사람'이라는 낙인이 따라붙는다.

그러나 잊지 말자. 군중 속은 편안하다. 갈등도 없고 불안도 줄어든다. 하지만 오래 머물수록 우리는 자신만의 결을 잃어버리게 된다.

니체는 말했다.

"당신이 심연을 오랫동안 들여다보면 심연도 당신을 들여다본다."

우리가 자주 마주하는 대상은 어느새 우리 안에 침투해 변화를 일으킨다. 즉, 환경은 나도 모르게 내 안에 영향을 미친다.

군중 속에 있을 땐 잠들었던 질문들이 고독의 시간 속에서 비로소 깨어난다. 당신의 사유는 군중 속이 아닌 침묵 속에서 자란다. 그러니 가끔은 용기를 내어 단독자가 되어라.

삶은 본질적으로 홀로 감내하는 여정이다. 스스로 사고하고 스스로 결정하며 스스로 견뎌야 한다. 사회는 끊임없이 소속을 요구하고 군중은 달콤한 안정을 유혹한다. 그러나 그 흐름에 오래 머물다 보면 결국 당신은 자신을 잃는다.

"고독을 선택하라.
그 안에서 당신만의 생각을 세우고,
당신만의 언어로 세상을 보라.
모두와 함께하되
아무에게도 기대지 않는 것이
진짜 단독자의 길이다."

인간관계에
매달리지 마라

"가는 자는 쫓지 말고, 오는 자는 막지 마라."

맹자

맹자의 이 말처럼 인연은 억지로 이어지지 않는다. 우리는 모두 '시절인연' 속에 살아간다.

초등학교, 중학교, 고등학교, 대학교, 직장. 내가 머무는 공간이 바뀌면 자연스레 곁에 머무는 사람도 달라진다.

평생 함께할 줄 알았던 친구와 멀어지고, 스쳐 지나간 사람이 뜻밖에 오래 곁에 남기도 한다.

이것이 바로 삶의 흐름이다. 지금의 관계에 성실한 건 중요하지만 '영원히 함께해야 한다'는 집착은 내려놓는 편이 낫다.

법륜 스님은 인간관계에 대해 이렇게 말했다.

"남이 나를 좋아하면 '감사합니다' 하면 되고, 내가 남을 좋아해서 고마워 하면 '별말씀을요' 하면 됩니다. 관계가 끝날 땐 '이제 연이 다했구나' 하면 됩니다."

인간관계는 물처럼 흘러야 한다. 너무 움켜쥐면 막히고 너무 기대하면 상처받는다. 그러니 매달리기보다 흐름을 믿고 살아야 한다. 그때 비로소 단단하고 평온한 관계가 가능해진다.

집착이 강할수록 우리는 타인의 반응에 민감해진다. 잘 보이려 애쓰고 실망시키지 않으려 조심한다. 결국 가장 지치는 건 '나 자신'이다. 나 역시 한때는 눈치를 지나치게 보며 살아갔다. 내 말이 불편하게 들리진 않을까, 관계가 어긋나지 않을까. 그 걱정에 스스로를 검열하고 위축시켰다. 그러다 어느 순간 내 말과 행동에서 자신감이 사라졌다.

그러나 수많은 독서와 글쓰기, 사회 경험을 통해 깨달았다. 과한 눈치와 기대는 나를 흐리게 만든다는 것을. 남의 반응에 따라 내 행동이 흔들릴 때 나는 더 이상 '나'로 살고 있는 게 아니었다. 그건 내 삶이 아니라 타인이 짜놓은 각본을 연기하는 삶이었다.

그리고 그 지점에서야 비로소 관계의 본질을 다시 생각하게 됐다. 억지로 붙들수록 멀어지고 자연스러울수록 가까워진다는 사실을. 인연은 흐름이다. 억지로 붙잡을 필요도 끊어낼 이유도 없다. 그저 떠나면 보내고 다가오면 맞이하면 된다. 물론 이 경지에 이르기란 쉽지 않다.

그러나 능동적 고독을 통해 인간관계의 집착에서 조금씩 자유로워질 수 있다. 타인이 아닌 나를 중심에 놓고 내면의 평형을 잡아가는 연습. 그 시간이 쌓일수록 인간관계를 더 성숙하게 바라보게 된다.

"인연은 사계절과 같다.

시간이 지나면 자연스럽게 계절이 바뀌듯

관계도 흘러간다.

억지로 거스르지 말고 흐름을 받아들여라.

그 태도야말로 진짜 어른의 관계다."

혼자 있는 시간을
생산적으로 보내는 법

"고독 없이는 아무것도 달성할 수 없다.
나는 예전에 나를 위해서 하나의 고독을 만들었다."

파블로 피카소

혼자 있는 시간은 '비는 시간'이 아니다. 내면을 깊이 채우는 '성장의 시간'이다. 이 시간을 어떻게 보내느냐에 따라 삶 전체의 밀도가 달라진다.

다음은 혼자 있는 시간을 잘 보내는 7가지 방법이다.

1. 독서를 한다.

좋은 책 한 권은 낯선 세계의 문을 연다. 타인의 사유와 나의 질문이 만나는 순간 더 깊은 나를 마주하게 된다. 세상을 이해하는 힘은 언제나 '읽는 것'에서 시작된다.

2. 운동을 한다.

몸을 움직이면 무너진 감정이 정리되고 흩어진 정신이 가라앉는다. 러닝 한 번, 땀 한 방울이 생각보다 많은 것을 바로잡아준다. 건강한 육체는 건강한 사고의 시작점이다.

3. 글쓰기를 한다.

생각이 복잡할수록 한 문장씩 써보라. 글은 나와의 가장 정직한 대화이며 마음을 비추는 거울이다. 쓰다 보면 흐릿했던 마음에 뼈대가 잡힌다.

4. 좋아하는 음악을 듣는다.

때론 말보다 음악이 더 큰 위로가 된다. 감정에 어울리는 플레이리스트 하나로도 혼자 보내는 시간이 온전히 '나만의 세계'가 된다.

5. 전자기기를 내려놓고 산책한다.

핸드폰을 내려놓는 순간 비로소 세계가 눈에 들어온다. 천천히 걷고 바람을 느끼고 나무의 그림자를 바라보라. 자연은 언제나 말없이 곁에 머무르며 깊은 영감을 선물한다.

6. 목욕탕에서 조용히 사색한다.

따뜻한 물에 몸을 담그는 순간, 온몸에 스며 있던 피로가 천천히 녹아내린다. 스마트폰을 멀리하게 되니 자연스레 디지털 디톡스도 이뤄진다. 물속에서 불안은 정화되고 무의식은 서서히 깨어난다. 물속의 사색은 오래 남는 생각을 품게 한다.

7. 좋아하는 일에 몰입한다.

혼자 있는 시간은 나만을 위한 최고의 몰입 시간이다. 공부든 창작이든 사소한 취미든 그 몰입이 쌓여 결국 삶의 결을 만든다.

"당신이 온전히 집중할 수 있는
시간과 공간을 정하라.
그 안에서 나만의 속도로 삶을 천천히 응축하라.
그리고 거기서 내게 맞는 생산적인 활동을
하나씩 루틴으로 만들어가라.
그렇게 축적된 시간들이
결국 당신의 인생을 바꾼다."

억지로 친해질
필요가 없다

"어리석은 자와 가까이 말고, 슬기로운 이와 친하게 지내라.
그리하여 존경할 만한 사람을 섬겨라.
이것이 인간에게 최상의 행복이다."

대길상경

예전에는 억지로라도 친해지려 했다. 그게 정답인 줄 알았다.
안 친한 것보다 친한 게 편하고 좋다고 믿었기 때문이다. 외롭
지 않기 위해, 괜찮은 사람처럼 보이기 위해.

하지만 관계는 숫자가 아니라 '결'이 맞는 사람과의 깊이에
서 비롯된다. 사람은 각자 고유한 결을 지닌 존재다. 그 결이
다르다면 억지로 맞추기보다 자연스럽게 거리를 두는 편이 훨
씬 건강하다.

나를 잃어가며 짓는 억지 미소, 불편함을 감내하며 이어가는 관계는 결국 독이 된다. 스며들듯 천천히 나를 병들게 한다. 그럴 바엔 차라리 능동적 고독을 택하라.

혼자 있는 시간은 관계로부터 멀어진 시간이 아니라, 내가 어떤 사람과 어떤 관계를 맺고 싶은지 기준을 다시 세우는 시간이다. 그 시간 안에서 비로소 진짜 나의 결이 드러난다. 그럼에도 우리는 종종 착한 사람으로 보여야 한다는 압박에 시달린다.

무례한 부탁도 거절하지 못하고 상대의 눈치를 살피며 나를 희생한다. 내가 아닌 남의 기분에 맞춰 살아가는 삶.

과연 그게 누구를 위한 삶인가?

결이 맞지 않는 사람과는 억지로 엮일 필요 없다. 각자의 결대로 각자의 길을 가면 된다. 물론, 직장이나 사회생활처럼 불가피한 관계도 있다. 그럴 땐 '거리를 둔 공존'이 최선이다. 잘 보이려 애쓰기보다 감정적 에너지를 지키는 쪽이 낫다.

관계에도 '골디락스 존'이 있다. 원래 이 용어는 우주에서 생명체가 존재할 수 있는 거리의 범위를 뜻한다. 지구가 태양과

적당한 거리를 유지하고 있기에 생명이 살 수 있듯 인간관계도 거리의 균형이 필요하다.

너무 가까우면 숨이 막히고 너무 멀면 마음이 식는다. 억지로 다가설수록 오히려 멀어지고, 거리를 둘수록 가까워지는 것이 사람이다. 관계를 지키는 힘은 무조건적인 노력에서 나오지 않는다. 오히려 자신과의 거리를 먼저 조율할 수 있을 때 타인과의 거리도 건강해진다.

그래서 능동적인 고독, 혼자만의 시간이 필요하다. 내면을 정리하고 나의 결을 돌아보는 시간. 그 시간을 통해 비로소 '적정한 거리감'이 생긴다. 관계는 붙드는 것이 아니라 흐름을 존중하며 간격을 지켜내는 일이다. 그 미묘한 거리, 그 여백이 바로 인간관계의 골디락스 존이다.

"인간관계의 핵심은 '골디락스 존'을
유지하는 것이다.
너무 멀지도 너무 가깝지도 않게.
지나친 거리엔 소외가 생기고,
지나친 친밀엔 피로가 쌓인다."

당신이 대단할수록
고독해진다

"이 세상에서 가장 중요한 것은 내가 어디 서 있느냐가 아니라,
어느 방향으로 가고 있느냐."

요한 볼프강 폰 괴테

위대한 정신은 언제나 고독 속에서 자란다. 철학자들의 삶을 들여다보면 그 사실이 분명해진다. 니체, 쇼펜하우어, 비트겐슈타인. 이들은 단지 사유한 것이 아니라 고독을 삶의 전제로 받아들이며 자신만의 세계를 구축해나갔다.

그들의 고독은 선택이었을까, 아니면 운명이었을까. 어쩌면 둘 다였을 것이다. 세상과 어울리기엔 그들의 시선이 너무 멀었고, 사람들과 섞이기엔 깊이가 너무 무거웠다. 능동적으로 고독을 택했지만, 결국은 이해받기 어려운 존재로 혼자가 될 수밖에 없었던 이들이었다.

고독은 그렇게 다가온다. 때로는 스스로 문을 닫아 맞이하고, 때로는 세상이 그 깊이를 감당하지 못해 밀려난다. 이는 대단한 철학자가 아니더라도 누구나 느낄 수 있는 지점이다. 당신이 대단할수록 고독해지는 이유는 이러하다.

1. 사람들과 함께 있어도 외로움을 느낀다.

2. 자신과 비슷한 사람을 찾기 어렵다.

3. 깊이 있는 대화를 나눌 상대가 줄어든다.

4. 무리 속에서 점점 이질감을 느낀다.

5. 혼자 있는 시간이 오히려 편해진다.

6. 타인의 시선보다 자신의 기준에 집중하게 된다.

7. 결정적인 순간에는 오로지 나 혼자가 된다.

혼자 있는 시간은 누구에게나 주어진다. 그러나 그 시간을 어떻게 보내느냐에 따라 삶의 방향은 달라진다. 위대한 이들은 고독을 참아낸 사람들이 아니라 고독을 자신만의 연료로 삼은 이들이었다. 그들은 누구의 인정도 바라지 않았다. 오히려 비난과 오해 속에서도 묵묵히 자신의 작품에 집중했고, 아무도 지켜보지 않는 자리에서 자신의 목소리를 키워갔다.

고독은 내면의 무게를 다룰 줄 아는 자에게만 허락되는 깊이의 특권이다. 능동적 고독을 선택하고 그 안에서 자신에게 몰입하는 자는 대단해질 수밖에 없다. 군중 속에서는 들을 수 없던 사유의 목소리가 깨어나고, 잠들어 있던 가능성이 서서히 빛을 발하게 된다.

나도 처음 능동적 고독을 택했을 땐 솔직히 버겁고 어색했다. 늘 사람들 사이에 있다가 처음으로 나 혼자와 마주 앉아 있어야 했으니까. 하지만 그 시간을 피하지 않고 끝내 성장의 무기로 바꿔낸 순간, 내 삶은 분명 달라졌다. 그때 알게 되었다.

고독을 단순히 버티는 사람이 아니라
고독을 활용할 줄 아는 사람이
진짜 강한 사람이라는 것을.

"당신이 대단해질수록
곁에 남는 사람은 줄어든다.
수준이 맞지 않으면 대화는 멈추고,
자연스럽게 고독이 찾아온다.

고독을 두려워하지 마라.
지성인은 고독 속에서 자신을 단련한다.
혼자 있는 시간은 사고를 깊게 하고
내면을 단단히 다지는 시간이다.
고독은 지적인 성장의 형태다."

Billionaire
✕
Messenger

3장

운은 노력이라는
단어 위에 쌓인다

축적

노력할수록
운이 좋아진다

"나는 더 많이 노력할수록
운이 더 좋아진다는 걸 발견했다."

토머스 제퍼슨

이 말은 내 삶의 철학이 되었다. 모두가 노력한다고 성공하는 것은 아니다. 하지만 노력 없이 이룬 성공은 없다. '노력할수록 운이 좋아진다'는 말은 진리에 가깝다. 그 이유는 분명하다. 노력하지 않는 사람은 기회가 와도 알아보지 못한다. 기회는 늘 준비된 자 앞에만 머문다. 파도는 누구에게나 오지만, 노를 저어본 사람만이 그 순간 배를 띄울 수 있다. 운이란 하늘에서 떨어지는 선물이 아니라 땅 위에 쌓아 올린 축적의 결과다.

다음은 내가 체득한 '운을 끌어당기는 7가지 방법'이다.

1. 매일 연습하고 반복한다. 성실이 우연을 만들어 낸다.
2. '노력할수록 운이 좋아진다'는 믿음을 내면화한다. 믿음은 태도를 바꾸고, 태도는 결과를 바꾼다.
3. 파도가 오지 않더라도 노를 젓는다. 감각이 무뎌지지 않도록 매일 연습하라.
4. 먼 미래보다 지금 할 수 있는 일에 집중하라. 미래는 오늘의 반복 위에 세워진다.
5. 체력을 키워라. 운도 체력을 요구한다. 지치면 기회도 놓친다.
6. 사람을 만날 때는 친절과 배려의 태도를 잊지 마라. 운은 결국 사람을 통해 온다.
7. 뒷담화 하지 않는다. 말은 부메랑이다. 남을 깎아내릴수록 그 화살은 나를 향한다.

이러한 태도와 노력이 축적될 때 운은 더 이상 '우연'이 아니라 '필연'처럼 느껴지기 시작한다. 왜냐하면 그 축적은 다음의 결과를 불러오기 때문이다.

1. 준비된 사람만이 기회를 기회로 인식할 수 있다.

2. 멈추지 않는 사람에게 우연은 필연처럼 다가온다.

3. 성실한 사람은 반드시 누군가의 눈에 띈다.

4. 실패 속에서도 배우는 사람은 감각을 키운다.

5. 꾸준히 하는 자만이 방향을 바꿀 힘을 가진다.

6. 태도가 곧 삶의 궤적이 된다.

7. 노력 없는 사람에게 운도 기회도 오래 머물지 않는다.

세상에서 가장 허망한 사람은 아무런 준비도 없이 일확천금을 바라는 사람이다. 로또 1등 당첨자 중 많은 이들이 불행한 이유는 단순하다. 그 돈을 다룰 준비가 되어 있지 않았기 때문이다. 돈을 다루는 감각과 태도는 단 하루 만에 만들어지지 않는다. 노력 없는 그릇에 행운이 담기면 반드시 넘치게 되어 있다. 그래서 노력은 언제나 옳다.

쉽게 얻은 것은 쉽게 사라지지만, 손수 쌓아 올린 것은 무너져도 다시 세울 수 있다. 그것이 당신이 노력을 멈추지 말아야 할 이유다.

"당신의 노력이 당장 빛을 보지 못할 수 있다.

그러나 '운'이라는 이름의 행운의 여신은

지금도 조용히 그 위에 쌓이고 있다.

멈추지 말고 나아가라.

결국, 운은 당신 편이 될 것이다."

양질전환의
법칙

"탁월함은 단일 행위가 아니라 습관이다.
우리가 반복적으로 하는 그것이 곧 우리 자신이다."

아리스토텔레스

2년 넘게 글을 써오며 한 가지 확실히 깨달은 것이 있다. 바로 '양이 쌓이면 언젠가 질적인 도약이 일어난다'는 사실이다. 이 현상을 '양질전환의 법칙'이라 부른다. 그동안 내가 쌓은 양은 이러하다.

블로그 2,246포스팅, X(트위터)와 스레드 각각 게시물 51,000개, 인스타 게시물 6,800개, 유튜브 쇼츠용 글귀 약 3,000개, 전자책 6권, 그리고 지금 이 책까지.

양은 결코 배신하지 않는다. 양이 축적되면 점차 탁월해지고 점점 더 영향력이 생긴다. 내가 쌓아온 꾸준함이 누군가에게 동기부여가 되었기 때문이며, 그 축적이 나 자신을 질적으로 변화시켰기 때문이다. 이 법칙은 나만 체감한 것이 아니다. 역사 속 수많은 거장들도 '압도적인 양'으로 위대함을 증명해왔다.

모차르트는 500곡이 넘는 작품을 남겼고,

에디슨은 1,000건이 넘는 특허를 보유했다.

피카소는 평생 5만 점 이상의 작품을 제작했고,

셰익스피어는 38편의 희곡과 154편의 소네트를 남겼다.

레오나르도 다빈치는 7,000쪽이 넘는 노트에 아이디어와 발명을 기록했고,

베토벤 역시 700곡 이상의 작품을 남기며 음악 세계를 구축했다.

우리는 이들을 흔히 타고난 천재라 부른다. 하지만 그들을 만든 진짜 힘은 재능보다 반복, 훈련, 축적이었다. 원하는 성과를 얻지 못했다면 스스로에게 물어야 한다.

"나는 정말 충분히 몰입했는가?"

"내가 쌓아온 양은 과연 충분했는가?"

2024년 파리 올림픽에서 '사격 여자 10m 공기권총'은메달 리스트인 김예지 선수도 이 법칙을 증명한 인물이다. 그녀는 tvN 유퀴즈에 출연해 이렇게 말했다.

"진정한 노력은 남들보다 1분이라도 더 했을 때를 말합니 다. 자신을 이기지 못하면 남을 이길 수 없다고 생각해요."

남들이 하루 150발을 쏠 때 그녀는 300발, 500발을 쏘며 훈 련했다. 왕복 90km를 자전거로 출퇴근하며 체력도 함께 단련 했다.

물론, 반복의 과정에는 반드시 정체기라는 벽이 있다. 많은 이들이 그 지점에서 멈추거나 포기한다. 하지만 바로 그 순간 이 질적 전환의 문턱이다. 그리고 그 문을 여는 열쇠는 단 하나 '양'이다. 진짜 변화는 오랜 시간 쌓아올린 노력의 총량에서 터 져 나온다.

"내가 아직 부족하다고 느껴진다면
양을 더 쌓아보라.
내용이 빈약하고 다소 허술하더라도 괜찮다.
일단 축적을 해야 시행착오 속에서
진짜 성장이 시작된다."

반복의 임계점을
넘어라

"재능은 근면을 대신할 수 없다.
세상에는 재능 있는 실패자들이 넘쳐난다."

캘빈 쿨리지

그림 1 실제 성장의 모습

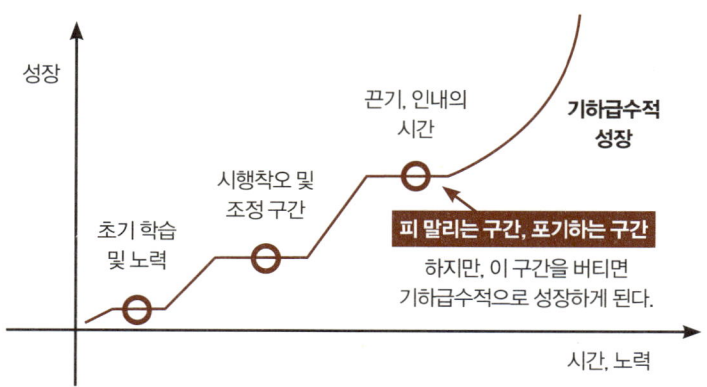

내가 직접 그려본 이 그림은, 성장이란 얼마나 복잡하고 치열한 과정인지 보여준다. 성장은 직선으로 이루어지지 않는다. 반복과 정체, 그리고 돌파의 순간들이 얽혀 있다. 어떤 날은 분명 성장한 것 같다가도 어떤 날은 제자리걸음을 반복한다.

나는 이 정체의 구간을 '피 말리는 구간'이라 부른다. 많은 이들이 바로 이 지점에서 고개를 숙인다.
"나는 여기까지인가 봐…."
"이제 더는 의미가 없으니 포기해야겠어…."
이런 생각들이 천천히 마음을 갉아먹는다.

하지만 바로 그 순간, 포기 대신 반복을 택해야 한다. 무수한 반복이 임계점을 넘어서기 때문이다. 여기서 말하는 '노력'은 단순 근성이 아닌 반복 속에서 쌓이는 깊이, 그 깊이에서 피어나는 통찰을 직접 경험하라는 말이다.

배우 김혜수는 연기에 대해 이렇게 말했다.
"예전엔 대본을 보다가 마음에 드는 장면이 있으면 일부러 더 안 봤어요. 정형화되지 않은 창의적인 연기를 할 수 있을 거라고 생각했죠."

그러던 어느 날, 그녀는 하나의 대본을 수십 번 반복해서 읽었다. 너무 눈에 익어 감흥이 없을 정도로. 그러자 뜻밖의 일이 일어났다.

"새로울 게 없을 것 같은 대본에서 그동안 보지 못했던 게 보이기 시작했어요."

그리고 이렇게 덧붙였다.

"어떤 일이 의미 없어 보인다면 그만큼 깊이 파고들지 않았던 것일 수 있어요. 사람은 결국 아는 만큼 경험한 만큼 보게 되더라고요."

이 말은 반복의 본질을 정확히 꿰뚫는다. 익숙함을 넘어서야 보이는 지점이 있다. 많은 이들이 어떤 일이 '의미 없다'고 느끼는 이유는 그 일에서 의미를 찾을 만큼 충분히 몰입하지 않았기 때문이다.

사람은 아는 만큼 반복한 만큼 깊이 보게 된다. 그리고 깊이 본 자만이 진짜 성장을 이룬다.

"반복의 임계점을 넘은 자만이
새로운 차원의 문을 열 수 있다.
성장은 그 문 너머에서 비로소 시작된다.
미련해 보일지라도 묵묵히 쌓아가는 자가
끝까지 살아남는다."

우매함의 봉우리가
고비다

"문제는
당신이 모르는 것을 모른다는 것이다."

데이비드 더닝

그림 2 더닝 크루거 효과

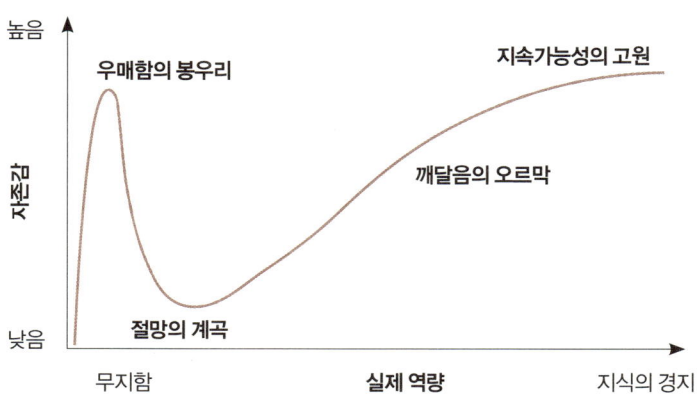

더닝 크루거 효과는 성장의 본질을 꿰뚫는 통찰을 준다. 모르는 사람일수록 자신을 과신하고, 아는 사람일수록 자신의 한계를 자각한다. 이것은 심리 현상을 넘어 성장의 문턱에서 누구나 마주치는 인식의 역설이다.

왜 이러한 심리가 생길까? 무언가를 얕게 알면 세상은 단순해 보인다. 그러나 하나를 깊이 파고들수록 그 안에 숨어 있던 복잡함과 맥락의 층위들이 드러난다. 지식은 안개를 걷어내는 것이 아니라 또 다른 안개의 층을 인식하게 만드는 일이다.

나 역시 그랬다. 블로그를 처음 시작했을 때 글쓰기에 대한 자신감이 넘쳤다. 하지만 시간이 흐르면서 '생각의 깊이'와 '표현의 결'이라는 새로운 차원을 마주했고, 그 순간부터 오히려 자신감은 줄어들기 시작했다.

더 많이 알수록 더 많이 경험할수록 내가 얼마나 모자란지를 절감하게 된다. 그래서 성장의 곡선은 항상 우상향하지 않는다. 정체, 좌절, 회의를 겪는다. 그러나 그 지점에서 멈추지 않는다면 성장은 다시 궤도를 회복한다.

그 반복의 끝에서 우리는 익숙함 속에 숨어 있던 새로움을 발견하게 된다. 지금의 나는 내 수준이 높지 않다는 걸 인정하며, 더 많은 것을 배우고 경험하기 위해 매일 읽고 쓰고 있다. 이것이 내가 수많은 시행착오 끝에 얻은 태도이며 '축적'이라는 성장의 본질을 체득한 이유다.

그러므로 지금 근거 없는 자신감이 넘쳐흐른다면 스스로를 '우매함의 봉우리' 위에 세워놓고 있는 것은 아닌지 의심해보아야 한다. 겸손하게 내가 실패할 수 있다는 가능성을 인정하라. 나보다 뛰어난 이들이 세상에 많다는 사실을 받아들여라. 이러한 자기 인식이 당신을 더 유능하고 탁월한 사람으로 만든다.

"절망의 계곡은 누구나 지나간다.
중요한 건 그 순간 포기하지 않는 것이다.
진짜 성장과 통찰은 그 상처 위에
천천히 조용히 쌓여간다. 끝까지 견디는 사람만이
다음 장면으로 넘어갈 자격을 얻는다."

좋아하는 일을
찾는 방법

"당신이 진정으로 원하는 일을 하려고 노력하는 것을 포기하지 마세요. 사랑과 영감이 있는 곳에서는 잘못될 일이 없습니다."

엘라 피츠제럴드

많은 사람들이 말한다.

"내가 진정 뭘 좋아하는지 모르겠어요."

"진로를 어떻게 정해야 할지 모르겠어요."

특히 한국 사회에서는 이런 고민이 일상이다.

나 역시 같은 질문을 스스로에게 던진 적이 있다. 왜 우리는 자신이 좋아하는 일을 찾는데 이토록 서툴까? 내가 내린 결론은 이러하다. 좋아할 만큼 충분히 해본 적이 없기 때문이다.

지금 우리는 속도가 생존의 기준이 된 시대다. 사람들은 조급하다. 단기간에 성과를 내려 하고 100일, 한 달, 심지어 일주일 만에 무언가를 판단하려 한다. 그러나 그런 태도로는 무언가를 깊이 사랑하게 되는 감각조차 느낄 수 없다.

진짜 성장은 느리게 시작된다. 단숨에 완성되지 않는다. 오랜 시간에 걸쳐 차곡차곡 쌓이며 모습을 드러낸다. 적어도 1년이라는 시간 동안 온전히 몰입해보라. 그러면 보이기 시작할 것이다. 내가 무엇을 좋아하는지, 어떤 일이 나에게 맞는지, 어떤 순간에 내가 살아 있음을 느끼는지를.

설령 그 길이 내 길이 아니었다 해도 괜찮다. 그 1년은 결코 헛되지 않다. 그 축적은 또 다른 방향으로 이어지는 연결고리가 되어 돌아온다.

실패처럼 보였던 시간들이 결국 새로운 가능성과 선택의 문을 연다. 성장은 선형이 아니라 나선형이다. 중요한 것은 '양질전환의 법칙'을 믿고 끝까지 밀어붙이는 것이다.

하지만 좋아하는 일을 찾았다고 해서 그 일이 언제나 낭만적일 것이라 기대해선 안 된다. 나는 글쓰기를 좋아하고 지금도 그 일을 업으로 삼고 있다.

그러나 모든 순간이 마음이 이끄는 대로 흐르지는 않는다. 억지로 해야 할 때도 많고, 어떤 날은 모든 걸 관두고 싶을 때도 있다. 그럼에도 불구하고 다시 돌아오게 만든다. 좋아하기 때문이다.

좋아하는 일이 직업이 되는 순간 스트레스와 책임은 피할 수 없다. 그래서 나는 말하고 싶다. 좋아하는 일을 하며 사는 삶에 낭만을 품지 말라고.

중요한 것은 그 일에 '지속 가능한 애정'이 있는가이다. 설령 돈을 벌지 못하더라도 계속할 수 있을 만큼의 애정. 그 애정이 있어야 버티고 반복하고 성장할 수 있다. 좋아하는 일을 찾고 싶다면 낭만부터 좇지 말고 무언가를 느낄 만큼 충분히 오래 해보라.

"내 마음이 향하는 대로 일단 실행해보라.
그렇게 적어도 1년은 지속해보라.
비록 그 길이 아니더라도
그 시간은 반드시 다른 길의 자양분이 되어
당신을 더 성찰하게 하고
중심 잡힌 존재로 이끌어줄 것이다."

루틴은
위대함으로 가는 길이다

"당신이 매일 하는 일이
당신이 누구인지 결정한다."

짐 론

미래를 예측하는 가장 정확한 방법은 무엇일까?

복잡하게 생각할 필요 없다. 매일 반복하는 일, 그 루틴을 보면 그 사람의 미래가 보인다. 마땅한 루틴이 없다면 예측 불가능한 미래를 떠돌고 있는 셈이다.

일본의 대문호 무라카미 하루키는 자신의 루틴을 이렇게 밝혔다.

"새벽 4시에 일어나 5∼6시간 글을 씁니다. 오후에는 10km를 뛰고 1,500m를 수영한 뒤 책을 읽고 음악을 듣다가 밤 9시에 잠이 듭니다. 저는 이런 일상을 조금의 변화도 없이 매일 반복합니다. 반복은 매우 중요합니다. 최면과 같은 겁니다. 더 깊은 내면으로 저를 이끌어줍니다."

그는 철저한 루틴으로 일상의 흐름을 통제하며 창작의 깊이를 더해간다. 하루키뿐 아니라 모든 대가에게는 자신만의 고유 루틴이 있다.

스티븐 킹은 매일 같은 시간, 같은 자리에서 2,000단어를 쓴다. 40년 넘게 하루도 거르지 않은 그 습관이 수많은 베스트셀러를 가능하게 했다. 그 성과는 천재성보다 루틴의 힘에서 비롯된 것이다.

코비 브라이언트는 새벽 4시에 일어나 3시간씩 슛을 던졌다. 그의 훈련량은 NBA 선수들 사이에서도 전설처럼 회자된다. '미친 루틴'이라는 별명이 괜히 붙은 게 아니다. 그 꾸준함이 곧 '코비 정신'이 되었고 농구의 역사를 바꾸었다.

철학자 임마누엘 칸트 역시 예외가 아니었다. 그의 하루는 정밀한 시계처럼 반복됐다.

04:45 기상 (하인이 깨움)

05:00 차를 마시며 명상과 파이프 흡연

07:00~09:00 대학 강의

09:00~12:45 집필과 철학 연구

12:45 점심 식사 (항상 친구들과 함께)

17:00 정해진 시간에 산책 (너무 규칙적이라 마을 사람들이 시계를 맞출 정도)

22:00 취침

그의 삶은 절제된 반복으로 이루어졌고 그 일상 속에서 철학이 자라났다. 결국 탁월함이란 특별한 날의 산물이 아니다. 자신만의 루틴을 묵묵히 반복한 사람의 몫이다. 당신이 매일 무엇을 반복하느냐가 곧 당신이라는 사람을 결정짓는다. 루틴이 무너지면 삶도 흔들리고, 루틴이 단단하면 그 위에 위대함이 자라난다.

"루틴을 철저히 지켜야 하는 이유는 단순하다.
쓸데없는 감정 소비와 에너지 낭비를 막기 위해서다.
잠시 다른 길로 빠질 수는 있어도
루틴이 있다면 다시 제자리로 돌아와
자기 일을 해낼 수 있다.
루틴은 헛된 길로 흐르지 않도록
우리를 붙잡아주는 강력한 습관 장치다."

CEO들의 기상 후
루틴을 보며 배울 점

"하루를 시작하는 방식이 하루 전체를 결정한다."

로빈 샤르마

많은 사람들이 묻는다.

"성공한 사람들은 아침을 어떻게 시작할까?"

대단한 비법이 있을 거라 생각하지만, 실상 그들의 비결은 단순하다. 자신만의 루틴을 정하고 그것을 꾸준히 지키는 것이다. 그 꾸준한 반복이 결국 그들을 특별하게 만든 것이다. 다음 세 사람의 루틴을 보면 핵심은 명확해진다.

1. 팀 쿡 (애플 CEO)

- 기상 시간 : 새벽 3시 45분
- 루틴 : 이메일 확인 → 피트니스센터에서 운동 → 스타벅스에서 커피 → 출근
- 포인트 : 하루의 주도권을 '스스로' 먼저 쥔다.

2. 하워드 슐츠 (前 스타벅스 CEO)

- 기상 시간 : 오전 4시 30분
- 루틴 : 반려견 산책 → 운동 → 아내와 커피 → 회사 전체 일정 검토
- 포인트 : 가족과 함께 보내며, 체력과 리더십도 챙긴다.

3. 오프라 윈프리 (OWN 미디어 창립자)

- 기상 시간 : 오전 6시 전후
- 루틴 : 명상 → 러닝머신 걷기 → 감사 일기 → 업무 시작
- 포인트 : 감정과 정신의 중심을 먼저 정돈한 후 하루를 연다.

이 세 사람의 공통점은 무엇일까? 이른 기상 시간도 눈에 띄지만, 핵심은 '자기 주도성'으로 하루를 설계한다는 점이다.

누군가에게 끌려가는 하루가 아닌 스스로 만든 하루를 살아간다. 한때 '미라클 모닝'이 유행하며 '일찍 일어나야 성공한다'는 말이 회자되었다. 나 역시 책을 읽고 일주일간 따라 해봤다. 그러나 돌아온 건 피로와 무기력함이었다.

사람마다 기상시간은 다르다. 중요한 건 '언제 일어났느냐'가 아니라 '일어난 후 무엇을 하느냐'다. 그래서 나는 말하고 싶다.

"미라클 모닝보다 중요한 건 미라클 루틴이다."

루틴이 중요한 이유는 하루의 첫 순간을 '내가 통제할 수 있는 영역'에서 시작하기 때문이다.

작은 성공이 쌓이면 하루 전체에 자신감이 깃든다. 거창한 목표보다 중요한 건 작지만 반복 가능한 루틴이다. 그 축적이 인생의 방향을 바꾼다.

당신의 아침 루틴은 어떤가? 지금 이 순간부터 단 하나라도 시작해보라. 아침을 다스리는 자가 인생을 다스린다.

"중요한 건 미라클 모닝이 아니라 미라클 루틴이다.

핵심은 빨리 일어나는 것이 아니라

일어난 후 어떤 루틴을 가지느냐에 있다.

자신에게 최적화된 루틴을 설정하라.

그리고 그 루틴으로 하루를 설계하라.

그것이 습관이 되는 순간, 삶은 바뀐다."

천직이 되는
과정

"올바른 길을 찾으려면
잘못된 많은 길을 가 봐야 한다."

밥 파슨스

한 번쯤은 이런 상상을 해본다.

'이 일이 내 천직이었다면 얼마나 좋을까?'
'자신에게 딱 맞는 일을 하며 살아가는 사람은 얼마나 행복
할까?'

내 대답은 명확하다. 행복하다. 그리고 삶의 질은 분명히 올
라간다. 하지만 천직은 단지 바란다고 주어지지 않는다. 현실

적인 출발은 '경험의 폭'을 넓히는 데 있다. 지금 당장 떠올려 보라. '내가 좋아하고, 잘하고, 돈으로도 연결되는 일'이 있는가? 아마 대부분은 없다.

대개는 좋아하기만 하거나 잘하기만 하거나 혹은 돈만 되는 일이다. 그러나 천직은 이 세 가지가 겹치는 지점, 즉 좋아함·잘함·수익성의 교집합에서 만들어진다. 그리고 이 교집합은 각자만의 경험 속에서 점진적으로 형성되는 것이다.

다음은 내가 글쓰기를 천직으로 만들어온 과정이다.

1. 몰라, 일단 해봐.
2. 생각보다 재미있는데?
3. 점점 욕심이 나는데?
4. 사람들도 인정해주네?
5. 이제 이거 없으면 허전한데?
6. 돈으로 연결되네?
7. 할수록 보람을 느껴.
8. 아, 이건 내 천직이구나.

천직은 '찾는 것'이 아니라 '만드는 것'이다. 그리고 다음과 같은 감정을 자주 느낀다면 당신은 이미 천직의 문 안에 들어선 셈이다.

- 이 일을 할 때마다 설렌다.
- 시간이 훌쩍 지나간다.
- 행복한 몰입을 경험한다.
- 시련이 와도 쉽게 포기하지 않는다.
- 설령 돈이 되지 않더라도 계속하고 싶다.
- 배우는 과정마저 즐겁다.
- 나만의 색과 철학이 생긴다.
- 남과 비교하지 않아도 내 길이 만족스럽다.
- 쉬는 날에도 이 일이 문득 떠오른다.

천직은 곧 삶이다. 삶의 태도가 되고 존재의 결이 된다. 천직은 '무엇을 하느냐'가 아니라, 그 일을 대하는 태도와 그 일을 통해 살아가는 방식에 관한 이야기다. 그리고 그 방식이 나를 닮아갈 때 그 일을 '내 일'이라 부를 수 있다.

"천직을 만나기 위해선

결국 그만큼의 경험이 필요하다.

무엇이든 마음이 이끄는 대로 도전하라.

그 작은 실천이 삶을 바꾸는 첫 단추가 되고,

바로 거기서 나만의 나비효과가 시작된다."

행운은
용기를 뒤따른다

괴테는 실천을 강조한 철학자였다. 그는 생각만으로 세상이 바뀌지 않으며, 행동을 통해서만 사유는 현실이 된다고 보았다. 고귀한 사유도 실천이 없으면 공허한 공상에 불과하다. 괴테는 머릿속에만 머무는 삶을 경계했다.

이 세상에는 생각은 많지만 변화가 없는 사람들이 있다. 그들의 삶이 바뀌지 않는 이유는 단순하다. 행동이 없기 때문이다. 아무리 좋은 생각이라도 실행이 따르지 않으면 아무 일도 일어나지 않는다.

이론형 인간은 현실을 이길 수 없다. 이상에만 갇혀 살면 현실의 주인이 될 수 없다. 현실은 관념이 아니라 몸으로 부딪친 사람의 것이다. 실전형 인간이 되어 시행착오 속에서 사유의 폭을 확장시켜야 한다.

누구나 이런 경험이 있을 것이다. 어떤 주제에 대해 충분히 안다고 느꼈지만, 막상 누군가에게 설명하려 하면 말이 막히고 헷갈릴 때가 있다. 이 역시 행동 없는 이해가 만든 착각이다. 알고 있다고 믿지만 실제로는 '아는 듯한 상태'에 불과하다. 그래서 행동은 내 수준을 객관화시킨다. 지식이 실제로 작동하는지를 증명하는 건 행동뿐이다.

나 역시 읽기만 하고 글을 쓰지 않았다면, 지금의 생각은 결코 내 것이 되지 못했을 것이다. 글쓰기를 통해 생각을 정리했고, 그 정리의 반복 속에서 나만의 언어와 구조가 형성됐다. 행동은 생각을 끌어내어 형태를 만들고, 형태를 가진 생각은 새로운 기회를 부른다.

나는 글을 쓴 덕분에 출판사들과 여러 차례 협업했고, 대형 출판사로부터 출간 제안을 받았으며, 수십만 팔로워를 보유한 작가로 성장할 수 있었다. 이 모든 것은 행동했기 때문에 가능했던 결과다.

라틴어에는 이런 말이 있다. "Animum fortuna sequitur", "행운은 용기를 뒤따른다"는 뜻이다.

움직이는 사람에게만 기회가 주어진다. 마음속 용기를 행동으로 옮긴 자에게만 운도 그 뒤를 따른다. 나에겐 글쓰기가 그 길이었다. 당신에게도 분명 그런 길이 있다. 머릿속에서만 맴도는 생각을 꺼내 작게라도 실행으로 옮겨보라.

그 순간, 당신의 인식도 현실도 바뀌기 시작할 것이다. 그리고 운도 당신을 따라올 것이다.

나와 세상을 변화시키는 것은 결국 '실행'뿐이다.

"대부분은 안다고 착각하며 산다.

그러나 진짜 지혜는 모른다는 자각에서 시작된다.

그러니 말만 하지 말고 행동으로 보여라.

지금의 행동이 당신의 수준을

명확히 보여준다."

남이 나를 알아주지 않아도 괜찮다

"자신의 길을 가라. 남들이 뭐라 하든 상관하지 마라."

단테 알리기에리

축적에 집중하는 시기에는 되도록이면 인정 욕구를 내려놓는 것이 좋다.

"이렇게 노력하는데 왜 아무도 알아보지 않을까?"

"내가 하고 있는 게 헛고생은 아닐까?"

이런 생각이 들기 시작하면 자신의 일에 대한 확신이 흔들리고, 삶의 주도권이 타인의 평가로 넘어가 버린다.

스스로 신뢰하지 못하는 일을 누구도 대신 지켜줄 수 없다. 그래서 타인의 인정에 기대지 않는 태도는 곧 자신을 지키는 방식이 된다.

『논어』 헌문편에 이런 말이 있다.

"세상에서 물러나 은둔하며 자신의 뜻을 구하고, 의로움
을 실천함으로써 도를 이룬다."

(隱居以求其志, 行義以達其道)

즉, 축적의 시기에는 고독을 감내하며 자신의 뜻이 깊이 뿌
리내릴 수 있도록 몰두하는 것이 중요하다. 확신이 선 뒤에야
비로소 세상에 드러내도 늦지 않다. 그러니 자신이 하는 일을
굳이 남들에게 설명하거나 증명하려 애쓰지 마라. 대부분은
관심보다 시기와 조소를 퍼붓는다.

"네가 되겠냐?", "그건 이미 늦었어" 이런 말들은 조언이 아
니라 당신의 의지를 꺾기 위한 간섭이다. 당신은 드러나지 않
아도 괜찮다. 마땅한 성과가 나올 때까지 묵묵히 자신의 축적
에 몰입하라. 당신이 증명해야 할 건 오직 당신 자신이다. 세상
탓보다 먼저 할 일은 실력을 쌓는 일이다.

『논어』 헌문편에 또 다른 말이 있다.

"남이 나를 알아주지 않음을 걱정하지 말고, 내가 능력이 없는 것을 걱정하라."

(不患人之不己知, 患其不能也)

성장이 없는 사람일수록 탓이 많다.

"왜 나 같은 인재를 몰라보는 거야?"

"저 사람은 나보다 실력도 없어 보이는데 왜 더 주목받는 걸까?"

시장의 평가는 냉정하다. 누군가 당신을 선택하지 않는 이유는 단 하나, 아직 그들에게 충분한 가치로 다가가지 못했기 때문이다. 세상 탓을 하기 전에 자신의 부족함을 먼저 직시하라. 그리고 실력을 쌓는 데 집중하라. 그것이 가장 현명한 선택이다. 지금 당신이 '축적의 시간'을 지나고 있다면 이 다섯 가지 태도를 기억하라.

1. 불확실성 속에서도 나를 믿는다.
2. 누구도 알아주지 않아도 꾸준히 나아간다.
3. 부족한 나지만 나만큼은 나를 사랑한다.
4. 작은 가능성 하나에도 끈질기게 매달린다.
5. 빛을 보기 위해 끊임없이 발걸음을 내딛는다.

"인정은 나중에 따라오는 것이다.

지금은 스스로를 증명하는 시간이다.

그러니 불안한 마음에 쌓인 에너지를

함부로 외부로 발설하지 마라.

고요히, 단단히 응축하라."

물살이 없어도
노를 저어라

"참으로 위대한 일은 언제나 서서히 이루어지고
눈에 보이지 않게 성장해 가는 법이다."

루키우스 안나이우스 세네카

유튜브 채널 '안될과학'을 운영하는 과학 크리에이터 궤도는
침착맨 유튜브에서 이렇게 말했다.

"나는 평생 노를 젓고 있었어. 물이 없으니까 제자리에 있던
거지. 근데, 물이 들어오니까 이제 앞으로 나가는 것뿐이야. 나
는 이 물이 빠지면 또 그 자리에서 노를 젓고 있을 거야. 물이
들어올 거라 기대도 안 해. 어차피 물이 없어도 나는 땅을 긁어
서라도 간다."

그는 "물 들어올 때 노 젓는 거지"라는 말 대신 "항상 노 젓고

있는 사람에게 드디어 물이 들어온다"는 태도가 더 멋지다고
했다.

이 말에는 깊은 진실이 담겨 있다. 노력은 운을 기다리는 게
아니라 운이 없어도 계속 나아가려는 태도에서 시작된다. 궤
도는 과학을 대중에게 알리기 위해 유튜브를 시작했지만, 초
기에는 조회수도 반응도 미미했다. 당시만 해도 과학은 유튜
브에서 '재미없는 분야'였다.

하지만 그는 멈추지 않았다. 과학을 쉽고 흥미롭게 전달하
기 위해 쉼 없이 연구했고, 여러 채널에 출연하며 쉬운 언어로
과학을 설명했다. 그 꾸준함 끝에 대중의 관심이 조금씩 열리
기 시작했다. 그가 보여준 가장 큰 가치는 단 하나였다. 결과가
보장되지 않는 상황에서도 멈추지 않는 것이다.

만약 그가 노질을 멈췄다면, 과학 콘텐츠는 여전히 유튜브
의 변두리에 머물렀을지도 모른다. 하지만 그는 기대를 내려
놓고 묵묵히 앞으로 나아갔다. 그 반복이 결국 과학을 즐기는
시대를 만들어 냈다.

나 역시 비슷한 경험이 있다. 책을 읽고 느낀 점을 블로그와 SNS에 꾸준히 기록했다. 반응은 거의 없었다. 그러던 어느 날, 한 게시물이 30만 조회수를 기록했다. 며칠 뒤 한 대형 출판사로부터 출간 제안 메일이 왔다. 그들은 나의 블로그까지 방문했고, 독자의 반응과 참여도를 검토한 끝에 미팅을 제안했다. 나는 기회를 놓치지 않으려 미팅을 잡았고, 비행기로 당일 왕복을 하며 열정을 보여줬다. 그러나 출간은 무산되었다.

쓰라렸지만 내 부족함을 정확히 직면한 시간이었다. 이후 전자책을 여러 권 집필하며 글쓰기 방향을 다듬었고, SNS와 블로그를 통해 꾸준히 영향력을 키워나갔다. 결국 그때의 '실패'는 더 큰 기회를 준비하는 시간이었던 셈이다.

이 경험을 통해 나는 확신하게 되었다.
"노력하면 운도 따라오는구나. 물이 들어오지 않더라도 계속 노를 저어보자."
기회는 예측할 수 없다. 언제, 어디서, 어떤 형태로 올지 아무도 모른다. 하지만 분명한 게 있다. 노를 멈추지 않는 사람만이 물살이 들어올 때 앞으로 나아갈 수 있다. 그래서 나는 오늘도 물이 없어도 노를 저을 것는다.

"반응이 없어도 누군가 알아주지 않더라도
묵묵히 나아가라. 그 태도가 결국
당신을 강하게 만든다. 시간이 오래 걸릴지라도
무너지지 마라. 버틴 그 시간만큼
어떤 형태로든 다시 되돌아온다."

모든 것의 기반은
체력이다

"난 윗몸 일으키기를 몇 회나 하는지 세지 않아.
힘들기 시작할 때부터 세지. 내가 고통을 느끼기 시작할 때,
그때가 내가 숫자를 세기 시작할 때야. 그때부터가 진짜니까.
그게 당신을 챔피언으로 만들어주는 거야."

무하마드 알리

꾸준한 축적을 가능하게 만드는 가장 현실적인 기반은 단 하
나 '체력'이다. 아무리 강한 정신력도 몸이 따라주지 않으면 무
너진다. 그래서 반드시 '운동'을 일상에 포함시켜야 한다. 주
2~3회 하루 30분씩이라도 운동하는 습관은 인생 전체 흐름
을 바꾸는 근본적인 힘이 된다. 나 역시 지난 4년간 꾸준히 운
동을 해왔고, 그 시간 동안 삶이 어떻게 바뀌었는지를 분명히
체감했다.

첫째, 자신감이 생겼다.

근육이 붙고 체력이 늘면서 고통 저항력이 강해졌다. 외형만이 아니라 내면의 태도까지 변화했다. 몸을 통제할 수 있다는 감각은 감정, 습관, 사고방식까지 바꾸는 힘이 된다. 자기 통제가 되기 시작하면 자신감이 생긴다.

둘째, 다양한 도전을 시작할 수 있게 되었다.

자신감이 생기니 점점 더 많은 도전을 하게 되었다. 글쓰기, 독서, 전자책 발간, 종이책, 그리고 유튜브 채널 운영까지. 4개월 만에 유튜브 구독자 2만 명을 돌파하고, 이제는 숏폼을 넘어 롱폼 콘텐츠까지 기획하고 있다. 이 모든 시작의 배경엔 체력이 있다.

셋째, 스트레스나 감정에 휘둘리지 않게 되었다.

운동을 하는 순간 세상과 단절된다. 전자기기를 내려놓고, 오직 움직이는 나에게만 집중하게 된다. 그 몰입 속에서 세로토닌이 분비되고, 감정은 정돈되며, 생각은 선명해진다.

넷째, 뇌가 최적화되고 더 똑똑해진다.

운동 직후의 개운함은 단지 기분 탓이 아니다. 몸을 움직이는 동안 잡생각이 사라지고, 뉴런과 시냅스가 활발히 연결되며 뇌가 정리된다. 마치 메모리를 정리한 컴퓨터처럼 사고가 맑아진다. 또한 운동은 BDNF(뇌유래신경영양인자)의 생성과 방출을 촉진시켜 학습 능력과 기억력을 눈에 띄게 향상시킨다.

다섯째, 운동은 삶을 단단하게 만들어준다.

예전엔 '해야 한다'는 의무감이었다면, 지금은 '하고 싶다'는 갈망이 되었다. 물론 여전히 귀찮을 때도 많다. 그러나 운동 후의 개운함을 아니까 억지로라도 헬스장에 간다. 그렇게 하루하루가 쌓여 운동은 어느덧 내 삶의 일부가 되었다.

삶은 고통이다. 고통스럽지 않은 날은 드물다. 그런데도 고통 속에서 끈기 있게 성장해나가는 사람들을 보면 하나같이 '운동하는 사람'이라는 공통점이 있다.

만약 내가 운동을 하지 않았다면 글쓰기를 통해 만들어 낸 대부분의 결과는 없었을 것이다. 생각을 지속시키는 힘, 몰입을 유지하는 힘, 쓰러져도 다시 일어나는 힘. 이 모든 것은 체력에서 비롯된다. 체력은 곧 생존력이다. 그리고 생존을 넘어 성장의 발판이 된다.

"운동을 해야 하는 이유는 단지
건강 때문만은 아니다.
삶의 역치가 높아지기 때문이다.
힘든 일을 버텨내는 힘, 감정을 다스리는 힘,
그리고 꾸준함을 지켜내는 힘.
이 모든 건 몸을 움직일 때 따라온다."

이제는 끝이라는 생각이 들 때가
시작이다

"성공은 열정을 잃지 않고
실패를 거듭할 수 있는 능력이다."

윈스턴 처칠

무언가를 꾸준히 쌓아가는 과정에는 반드시 자기 의심이 찾아
온다.

"이 길이 맞을까?"

"이게 무슨 의미가 있을까?"

그 의문은 생각을 갉아먹고, 때로는 나 자신을 부정하게 만
든다. 그러나 흐름을 바꾸는 데는 단 하나의 성공이면 충분
하다.

유명 여행 유튜버 '빠니보틀'도 무명의 시간을 지나며 유튜브를 포기하려 했던 적이 있다. 본업으로 돌아갈 각오까지 한 그는 마지막이라는 마음으로 인도 여행을 떠났고, 그 이후에도 반응이 없다면 그만두겠다고 결심했다.

그런데 인도 기차 좌석을 비교하는 영상이 예상치 못한 반응을 불러일으켰다. 몇 백만 조회수를 넘기며 빠니보틀이라는 이름이 알려지기 시작했다. 그는 그 순간을 이렇게 회상했다.

"예상대로 되는 게 하나도 없었는데, 항상 실패만 하다가 처음으로 '이건 잘될 거야' 했던 일이 성공했고, 그 이후로 지금까지 열심히 하고 있습니다."

하지만 이내 또 한 번의 위기가 찾아왔다. 코로나19로 인해 여행이 막히면서 콘텐츠 제작이 어려워진 것이다. 대부분이 좌절하고 멈췄을 그 순간, 그는 오히려 새로운 길을 택했다. 바로 웹드라마 제작이었다. 그가 직접 각본, 연출, 감독까지 맡아 만든 웹드라마 '좋좋소'는 중소기업 직장인의 현실을 리얼하게 담아내며 큰 화제를 모았다.

출근 전쟁, 눈치 회식, 상사의 압박. 모두가 겪었지만 말하지 못했던 현실을 그는 유머와 통찰로 풀어냈다. '좋좋소'는 여행 유튜버였던 그가 기획형 디렉터로 도약하는 전환점이 되었다. 기획부터 연출까지 스스로 해내며, 그는 창작자로서의 역량과 가능성을 입증했다.

그의 이야기가 특별한 이유는 드라마틱한 성공 때문만이 아니다. 수많은 자기 의심 속에서도 "한 번만 더 해보자"는 마음으로 흔들리는 시간을 묵묵히 견뎌 냈기 때문이다.

누구에게나 무명 시절은 있다. 의심과 불확실성은 피할 수 없다. 그러나 그 시간을 어떻게 통과하느냐에 따라 임계점을 넘을 수 있을지 없을지 갈린다. 지금은 무의미해 보이는 하루일지라도 그 하루가 변화의 씨앗이 될 수 있다. 단 하나의 성공이 지금까지의 모든 노력을 빛나게 만들어줄 것이다.

"자기 의심은 어둠 속의 안개와 같다.

앞이 보이지 않기에 불안하지만

길은 그 안에도 있다.

성과가 없다고 해서 당신이 틀린 길을

걷고 있다는 뜻은 아니다.

꽃도 봄이 되어야 피어나듯

당신의 운도 제때에 찾아온다.

지금은 단지 봄이 올 때까지

묵묵히 뿌리를 내리는 시간일 뿐이다."

도전, 실패, 노력이 만드는
나비효과

"끊임없이 실패의 위험을 감수하는 사람만이 진짜 예술가다.
밥 딜런과 피카소는 언제나 실패의 위험을 감수했다."

스티브 잡스

스티브 잡스는 생전에 두 사람을 깊이 존경했다고 밝혔다. 바로 밥 딜런과 파블로 피카소였다. 그가 이들을 존경한 이유는 실패에도 굴하지 않는 집요한 끈기, 도전 앞에서 주저하지 않는 용기 때문이다. 이것이야말로 진정한 창작자의 본질이라고 그는 믿었다.

밥 딜런은 1962년 데뷔 이후 수십 년간 명반을 발표하며, 대중음악 역사에 전무후무한 족적을 남겼다. 그는 50년이 넘는 세월 동안 멈추지 않고 곡을 쓰며 무대에 올랐다. 많은 아티스트들은 한때 정점에 올랐다가 시간이 흐르며, 창작의 불꽃이 사그라들거나 대중의 관심에서 멀어지기 쉽다. 그러나 밥 딜런은 그런 시기조차 새로운 도전의 재료로 삼았다.

1980년대 중반 창작적 침체에 빠졌던 그는 'Oh Mercy' 라는 앨범으로 재기의 신호탄을 쏘아 올렸고, 1997년에는 'Time Out of Mind'로 그래미 올해의 앨범상을 받으며 다시 음악적 정점에 섰다. 결국 그는 가수 최초로 노벨문학상까지 수상하며 한 시대를 관통한 창작자의 표본이 되었다.

피카소 또한 예외가 아니었다. 그의 유명한 일화는 다음과 같다. 어느 날 누군가 그에게 그림을 부탁했고, 피카소는 30분 만에 그림을 완성한 뒤 8천만 원이라는 값을 매겼다. 이에 항의하자 피카소는 이렇게 말했다.

"이 그림을 30분 만에 완성하기 위해 나는 40년을 그려 왔다."

걸작은 단숨에 만들어지는 법이 없다. 그는 정통 화법을 수

련한 뒤에도 끊임없이 파괴하고 실험했다. 그렇게 실패 위에 또 다른 실패를 쌓으며, 마침내 '우는 여인' 같은 불후의 명작을 탄생시켰다.

스티브 잡스가 이 두 사람을 존경한 이유는 명확하다. 그들은 '실패'라는 단어 앞에서도 멈추지 않은 이들이었다. 잡스 자신도 마찬가지였다. 퇴출과 좌절, 끊임없는 불확실성을 겪으며 결국 '아이폰'이라는 시대의 상징을 만들어 냈다.

결론은 분명하다.
도전하라. 실패하라. 그리고 멈추지 마라.

실패는 끝이 아니라 씨앗이다. 눈에 보이지 않지만 그 안엔 가능성이 숨어 있다. 반복된 노력이라는 햇볕이 닿을 때 마침내 꽃이 핀다. 지금의 좌절도 언젠가 당신의 삶을 바꿔놓을 나비효과가 될 수 있다.

"실패가 두렵다는 이유로 도전을 피하는 것은
마치 틀릴까 봐 공부하지 않는 것과 같다.
그런 어리석은 망설임은 버려라.
시작이 곧 방향이고, 행동이 곧 해답이다."

하다 보면 어쩌다가
성공한다

"너무 소심하고 까다롭게 자신의 행동을 고민하지 말라.
모든 인생은 실험이다. 더 많이 실험할수록 더 나아진다."

랄프 왈도 에머슨

과거에는 부모의 업을 잇는 것이 당연한 삶의 방식이었다. 농
부의 자식은 농사를 짓고, 상인의 자식은 장사를 이어갔다. 지
금은 겉모습만 달라졌을 뿐 여전히 정해진 궤도를 따르도록 요
구받는다.

시스템은 정교해졌지만 개인의 삶은 오히려 더 획일화되었
다. 좋은 대학, 안정된 직장, 적당한 결혼. 이른바 '괜찮은 인
생'의 공식을 따르지 않으면 불안한 시선이 따라붙는다. 그러

182

나 인생은 공식대로만 흘러가지 않는다.

인생은 처음부터 설계된 도면이 아니라 시도 속에서 윤곽이 드러나는 과정이다. 여러 방향으로 부딪치다 보면 뜻밖의 방향에서 기회가 열린다. 실제로 수많은 발명품들이 우연과 실패 속에서 탄생했다.

1. 포스트잇 : 강력한 접착제를 만들다 실패해 생긴 약한 풀
   → 전 세계의 메모 습관이 바뀌다
2. 페니실린 : 실험 도중 곰팡이를 방치한 결과
   → 인류 최초의 항생제 탄생
3. 전자레인지 : 레이더 실험 중 초콜릿이 녹는 걸 보고 착안
   → 주방의 혁명을 불러온 발명품
4. 코카콜라 : 원래는 약용 시럽으로 개발된 음료
   → 지금은 세계를 대표하는 브랜드
5. 슬링키 : 군함 진동을 잡기 위한 장치
   → 아이들의 스프링 장난감으로 재탄생

이처럼 많이 시도하다 보면 어느 날 문득 성공의 순간이 찾아온다. 예측할 수 없는 우연이 삶을 움직이고, 그 우연이 전혀 다른 방향으로 인생을 이끈다. 나 역시 그랬다. 어쩌다가 시작

한 독서와 운동, 그리고 글쓰기를 통해 지금은 콘텐츠 크리에이터이자 작가로 살아가고 있다.

물론 그전엔 긴 방황이 있었다. 불안한 미래에 대한 두려움, 삶의 갈피를 잡지 못하던 시간들 속에서 나는 전기기능사를 준비했고 필기시험에 합격했다. 동시에 전기기사 자격증까지 준비하며 '정말 이 길이 내 길인가' 자문하던 시기도 있었다.

그런데, 우연히 시작한 글쓰기가 내 삶의 방향을 바꾸었다. 전기라는 현실적인 진로를 뒤로하고, 지금은 온전히 '쓰는 일'에 나를 던지고 있다. 이런 사례는 나만의 이야기가 아니다. 많은 이들이 수많은 시도 끝에 마주한 우연 속에서 자기만의 길을 발견한다.

많이 시도하다 보면 어쩌다 성공한다. 설령 실수를 해도 그 실패가 뜻밖의 길로 이어질 수 있는 게 바로 삶이다. 그러니 두려워 말고 시도하라. 방향이 확실하지 않아도 괜찮다. 의외의 길에서 전혀 예상하지 못한 수확이 당신을 기다리고 있을지도 모르니까.

"노력할수록 운은 가까워지고
시도할수록 길은 열린다. 축적의 시간 속에서
반드시 기억해야 할 두 가지다.
지금 당장은 앞이 보이지 않아도
믿음을 품고 묵묵히 걸어가다 보면,
당신만의 길이 어느새 발아래에 펼쳐진다."

Billionaire

×

Messenger

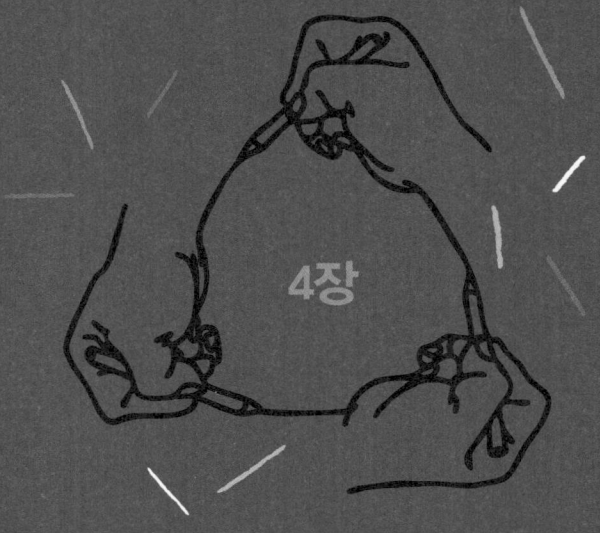

4장

언어는
세계를 바꾼다

의식

내 언어의 한계는
내 세계의 한계다

"내 언어의 한계는 내 세계의 한계다."

루트비히 비트겐슈타인

비트겐슈타인의 이 말은 철학적 선언이자 인식의 본질에 대한 날카로운 통찰이다. 우리는 언어로 생각하고, 언어로 세상을 이해한다. 그러므로 말로 설명할 수 없다는 건 곧 그것이 나의 인식 너머에 있다는 뜻이다.

인간은 배운 것, 겪은 것, 구조화된 개념만을 표현할 수 있다. 세계는 그 언어의 범위만큼 열리고 그 깊이만큼 확장된다.

'동그란 네모'를 떠올려보라. 존재할 수 없는 개념이기에 언어로도 표현할 수 없다. 언어는 인식의 경계를 드러낸다. 그리고 반복되는 언어는 결국 그 사람의 세계를 형성한다.

좋지 못한 언어를 반복하면 세계는 점차 조잡하고 협소해지고, 반대로 좋은 언어는 세계를 맑고 깊게 만든다.

'근묵자흑'이라는 말처럼 언어는 세계를 닮아간다. 그리고 어느 순간 세계 또한 언어를 닮아간다. 비트겐슈타인은 『논리철학 논고』에서 말했다.

"말할 수 없는 것에 대해서는 침묵해야 한다."

언어가 닿지 않는 영역을 억지로 설명하려 하면 오히려 혼란과 공허만 남는다. 그래서 그는 '침묵'을 하나의 철학적 태도로 제시했다.

이 철학은 글쓰기를 하는 작가들에게도 유효하다. 경험하지 않은 것을 설명하려 할 때 언어는 표면만 맴돈다. 직접 겪고 오래 사유한 것만이 언어로 정제될 수 있다.

나 역시 2년 넘게 글을 써오며 글쓰기의 구조와 과정, 피드백과 독자의 반응 등을 몸으로 겪었다. 그 경험이 축적되며 말할 수 있는 세계도 점차 넓어졌다. 표현은 언제나 체험과 사유에서 자라난다.

비트겐슈타인의 말처럼 말할 수 없는 것에 대해 함부로 말하려 할 때 언어는 흐려지고 세계도 왜곡된다. 말할 수 없는 것은 때로 침묵하는 것이 더 깊은 표현이 된다. 그래서 말하고 싶어도 스스로 확신하지 못한다면 침묵을 택하는 편이 낫다. 그 침묵은 언어를 가볍게 쓰지 않겠다는 태도이고, 삶을 함부로 흔들지 않겠다는 선택이다. 이것이 비트겐슈타인 철학의 핵심이며, 언어에 대한 건전하고 실천적인 가르침이다.

"내가 말할 수 없는 것들에 대해 억지로 말하려 하면
결국 언어는 나를 배신한다.
그것은 내가 살아낸 세계가 아니라
상상 속에서 꾸며낸 허상일 뿐이다.
말할 수 없다면 침묵이 현명한 태도다."

"오히려 좋아"
이 말이면 모든 게 바뀐다

"모든 것은 우리가 그것을 어떻게 보느냐에 달려 있으며,
그것이 본래 어떤지는 중요하지 않다."

칼 구스타프 융

나는 주말마다 편의점에서 야간 근무를 해왔다. 3년이 넘는 시간 동안 정말 다양한 일을 겪었지만, 그중에서도 지금껏 생생히 기억나는 한 장면이 있다. 나는 그것을 '사이다 스프링클러 사건'이라 부른다.

새벽 3시쯤이었다. 한 젊은 손님이 과자와 햄버거, 그리고 사이다 캔을 들고 계산대로 왔다. 몇 번이나 캔을 떨어뜨릴 듯 불안하게 들더니, 결국 마지막 순간에 캔이 손에서 미끄러져

191

바닥에 떨어졌다. 그리고 터졌다.

사이다는 사방으로 튀어 올랐고 마치 스프링클러처럼 매장 전체를 흠뻑 적셨다. 순식간에 바닥은 물바다가 되었고, 나도 손님도 잠시 멍해졌다. 나는 웃으며 괜찮다고 말한 뒤 터진 캔까지 계산을 마치고 손님을 보내드렸다.

예전 같았으면 분명 이렇게 중얼거렸을 것이다.
"진짜 최악이네."
"운도 지지리 없지."
짜증과 불평이 먼저였을 것이다. 하지만 그날의 나는 달랐다.

매일 글을 쓰며 언어를 다듬고, 생각을 정리해온 습관 덕분이었을까. 밀대걸레로 바닥을 닦으며 이렇게 말했다.

"제로 사이다라서 끈적거리지는 않네. 오히려 좋아."

그 한마디가 모든 걸 바꿨다. 짜증은 웃음으로 바뀌었고, 불쾌한 상황은 오히려 유쾌한 에피소드가 되었다. 긍정적 언어 하나가 생각의 방향을 완전히 바꿔놓았다.

같은 상황도 어떤 언어를 선택하느냐에 따라 감정과 기억이 달라진다. 그날의 사이다 사건은 내가 어떤 언어를 쓰며 살아가고 있는지를 되짚게 해준 순간이었다.

어쩌면 글쓰기는 이런 식으로 새로운 시선을 훈련하는 일인지도 모른다. 짜증만 남을 수 있었던 사건도 '관점'을 바꾸면 콘텐츠가 되고 교훈이 되며 나를 성장시킨다.

세상에 단점만 존재하는 일은 없다. 단점 속에서도 의미를 찾아내는 사람만이 더 나은 내일을 만들어간다.

"말 한마디에 분위기가 달라지는 순간이 있다.
이와 같이 혼잣말이라도 어떤 말을 하느냐에 따라
나의 태도, 하루, 삶의 무게가 달라진다."

언어의 가난은
어느 것보다도 불행하다

"철학은 언어를 무기로 하여
우리의 지성에 걸린 주문과 싸우는 전투이다."

루트비히 비트겐슈타인

비트겐슈타인에게 철학은 삶과 동떨어진 추상이 아니라, 일상 속에서 우리가 쓰는 말을 제대로 살펴보는 일이었다. 그는 사소해 보이는 말들이 결국 생각과 삶의 방향을 만든다고 생각했다.

나도 그 영향에서 자유롭지 못했다. 물류센터에서 일하던 시절 욕이 입에 붙어 있었다. 하루에도 수십 번 들려오는 고용주의 폭언 속에서 나도 모르게 말투가 날카로워지고 마음도 거칠어졌다. 쉬는 시간엔 동료들과 사장 욕을 하며 세상 탓을 했다. 그 결과, 나의 언어는 점점 거칠고 어두워지고 저급해졌다.

이 말을 바로잡는 데는 꽤 긴 시간이 필요했다. 독서와 글쓰기가 아니었다면 나는 여전히 그 삐딱한 말투 안에 머물러 있었을 것이다.

가난에는 여러 형태가 있다. 경제적 가난, 감정의 가난, 관계의 가난. 하지만 그중 가장 무서운 것은 바로 언어의 가난이다. 언어는 사고의 그릇이다. 말이 가난하면 생각도 가난해지고, 결국 삶마저 메마른 방향으로 흐르게 된다.

언어가 비관적이고 공격적이면 주변 사람들의 사기를 꺾고 만다. 늘 푸념하고, 남을 탓하며, 비꼬고, 깎아내리는 말투는 결국 자기 인생을 갉아먹는 칼날이 된다.

그런 사람 곁에 누가 오래 머무르고 싶을까? 그들은 결국 자기 언어가 만든 세계 안에서 외롭게 머무르게 된다. 뒷담화를 즐기는 이의 곁에는 뒷담화를 좋아하는 이들이 모이고, 건강한 언어를 쓰는 이의 곁에는 비슷한 기운을 가진 사람들이 자연스레 모인다.

언어는 내 삶을 결정짓는 요소일 뿐 아니라 내 주변까지 바꿔 놓는다. 그래서 나는 매일 내 언어를 점검한다. 무심코 내뱉은 말이 나를 해치고 있지는 않은지, 누군가의 기운을 꺾고 있지는 않은지 스스로 되묻는다.

언어는 습관이고, 습관은 인생이 된다. 하루 한 문장, 하루 한 단어가 결국 내 인생의 톤과 궤도를 정한다.

그러니 푸념 대신 질문을, 비난 대신 관찰을, 한숨 대신 한 줄의 글을 선택하자. 말이 바뀌면 생각이 바뀌고, 생각이 바뀌면 결국 내가 바뀐다.

언어가 가난하면 삶은 점점 삭막해진다. 하지만 좋은 말은 마른 땅에도 꽃을 피운다.

"가장 가까우면서도
가장 무심하기 쉬운 것이 바로 내가 쓰는 언어다.
언어를 가볍게 여기면 삶도 경솔해진다.
언어의 무게를 아는 자만이
자신의 삶을 스스로 이끌 수 있다."

'때문에'가 아닌
'덕분에'다

> "항상 생각과 말과 행동이 완전한 조화를 이루도록 하라.
> 늘 생각을 정화하는 것을 목표로 하면 모든 것이 잘될 것이다."
>
> 마하트마 간디

예전에 유행했던 모바일 게임 '쿠키런'을 기억하는가? 개인적으로 그중 가장 인상 깊은 캐릭터는 '조각레몬'이었다. 이 캐릭터에 대한 설명은 이렇다.

"한 조각을 잃어 슬퍼하고 있었지만, 그랬기 때문에 젤리를 먹을 수 있게 되었고, 말을 건넬 수 있게 되었고, 상큼한 미소를 지을 수 있었으며, 좋아하는 쿠키에게 뽀뽀를 날릴 수도 있게 되었다! 무언가 잃는 게 언제나 슬픈 결과를 낳는 것은 아니라는 걸 조각레몬은 알게 되었다."

조각레몬은 '잃음'으로부터 '얻음'을 발견했다. '덕분에'라는 사고로 자기 세계를 확장한 것이다. 그래서 무언가를 잃었다고 해서 슬퍼할 이유는 없다. 오히려 그것이 새로운 세계로 이어지는 계기가 되기도 한다.

우리의 삶도 다르지 않다. 무언가를 얻으려면 무언가는 내려놓아야 한다. 모든 것을 동시에 가질 수는 없다. 예를 들어, 다이어트를 결심했다면 기름진 음식을 포기해야 한다. 기름진 음식을 먹으면 행복할 수는 있겠지만 그만큼 체중이 늘어난다.

블로그 글쓰기를 시작했다면 그 시간만큼은 쉬는 시간을 포기해야 한다. 하지만 대신에 생각을 정리하고 자기 성찰의 시간을 얻는다. 깊이 있는 사유는 그렇게 시작된다.

지금 이 글을 읽고 있는 당신 역시 무언가를 포기했기 때문에 이 글과 마주하고 있다. 그리고 포기한 만큼 반드시 무언가를 얻고 있을 것이다. 잃는 만큼 얻기에 우리는 결코 불행하지 않다. 심연에 머무는 사람은 그 깊이만큼 더 단단한 내면을 가지게 된다. 반대로 모든 것이 잘 풀리는 시기엔 자칫 허영과 자만에 물들 수 있다.

삶의 고통은 때로 더 깊은 성찰을 남긴다. 그 시간은 결코 낭비되지 않는다. 죽음의 수용소에서도 삶의 의미를 찾았던 빅터 프랭클을 떠올려보라. 그는 매일 생사의 경계를 넘나들면서도 기록을 멈추지 않았다.

그 덕분에 우리는 지금도 그의 글 속에서 인간 존재의 깊이를 배운다.

결국 중요한 건 "왜 이런 일이 나에게 생겼는가"가 아니라 "이 일 덕분에 나는 무엇을 배웠는가"다. 관점을 한 걸음만 비틀면 삶의 깊이와 태도가 완전히 달라진다. 우리는 '때문에'가 아니라 '덕분에' 살아갈 수 있다.

"'때문에'라는 말에는 어딘가
남을 탓하려는 기운이 담겨 있다.
반면, '덕분에'라는 말에는 배움과 성찰의 태도가
깃들어 있다. 결국 어떤 단어를 선택하느냐가
내가 어떤 삶을 살아가고 있는지를 드러낸다.
언어는 삶의 방향을 만드는 도구다."

노홍철의 언어에서
배울 수 있는 점

"좋은 단어는 좋은 행동만큼 가치 있다."

윌리엄 셰익스피어

유튜브 채널 '빠니보틀'의 여행 콘텐츠를 보면 종종 연예인 노홍철이 등장한다. 그의 언어를 유심히 살펴보면 한 가지가 눈에 띈다. 거의 부정적인 말을 하지 않는다. 이건 생각보다 대단한 일이다.

예를 들어, 남극 여행 편에서 비행기 출발이 30분 지연된다는 소식을 들었을 때 그는 이렇게 말했다.

"와 대박, 난 이 여정이 길어지면 길어질수록 너무 행복해."

또한, 그의 말버릇 중 자주 등장하는 표현이 있다.

"좋다. 최고야."

혼잣말처럼 내뱉지만, 그 말은 자신의 감정을 끌어올리는 힘이 되고 옆 사람의 기분까지 북돋는 에너지가 된다.

베트남 여행 중 오토바이를 타다 넘어졌을 때도 마찬가지였다. 다친 상황에서도 걱정할까 봐 이렇게 말했다. "짜릿합니다!" 이런 걸 원했다고 웃어넘기며 심각한 분위기를 유쾌하게 전환했다.

하지만 진짜 놀라운 장면은 그다음이었다. 그는 마주 오던 오토바이와의 접촉 사고로 크게 다쳐 응급실에 실려갔다. 상황은 심각했다. 고통 속에서도 그는 응급실 침대 위에서 이렇게 말했다.

"기승전결이 있는 여행 너무 좋아. 나는야 럭키가이."

그 상황에서조차 "나는 운이 좋다"고 말할 수 있는 사람이다. 그래서 그는 '긍정의 신'이라 불린다. 그때 그의 곁에는 도움의 손길이 있었다. 베트남 현지 유튜버 '코이TV'. 그는 구독자 125만 명을 보유한 인플루언서로, 병원에서 의사와의 소통을 도와주고 대형 병원 이송까지 발 벗고 나섰다. 이후 노홍철은 귀국하였고, 그를 집으로 초대해 '생명의 은인'이라며 감사의 마음을 전했다.

그가 대단한 이유는 작은 말 한마디조차 의식적으로 '긍정'으로 바꾸는 언어 습관에 있다. 그 말이 자신의 감정을 북돋우고 타인의 기운까지 살린다. 긍정의 언어를 쓰는 사람은 긍정의 세계를 만든다. 세상은 있는 그대로가 아니라 우리가 사용하는 언어의 방향대로 해석된다.

세상을 긍정적으로 해석하는 것은 타고난 낙관주의가 아니라 언어 선택의 결과다.

노홍철은 "나는 럭키가이"라고 외치며 고통 속에서도 기회를 찾는다. 그의 언어는 현실을 외면하지 않으면서도 모든 순간을 성장의 서사로 바꿔놓는다. 그리고 그 서사가 그를 진짜 '운 좋은 사람'으로 만든다.

"운이 좋은 사람은 단지 운이 좋은 것이 아니다.
삶을 대하는 태도와 말의 결이 달랐고,
그 언어가 결국 삶의 방향을 바꾸어 놓았다.
인생은 그 말의 흔적을 따라간다."

회복탄력성이 높은 이들의 언어

"언어는 숨겨진 힘을 발휘하며,
마치 달이 조수에 영향을 미치는 것과 같습니다."

리타 메이 브라운

요즘 시대에 가장 필요한 능력 중 하나를 꼽자면 회복탄력성이다. 누구나 넘어질 수 있지만 다시 일어서는 힘은 선택의 문제다.

회복탄력성을 기르기 위한 방법은 많다. 많이 시도하고 실패해보기, 위인의 책 읽기, 몸 단련하기. 하지만 그 모든 출발점은 언어다. 내가 어떤 말을 선택하느냐에 따라 무너진 마음을 다루는 방식도 달라진다.

회복탄력성이 높은 사람들은 이렇게 말한다.

1. 이번엔 아쉽지만 다음에 더 잘하면 되니까.

2. 이 정도는 이겨낼 수 있어. 까짓거 해보자.

3. 실패도 경험이니까 의미와 교훈이 있어.

4. 노력할수록 운이 좋아지니까 해보자.

5. 완벽하지 않아도 괜찮아. 난 계속 갈 거니까.

이 말들의 공통점은 무엇일까? 끝맺음이 '생산적 전환'으로 이어진다는 점이다.

사람은 본능적으로 부정적인 말을 먼저 내뱉는다.

"왜 나한테만 이런 일이 생기지", "참나, 이걸 어떻게 해", "짜증나네, 진짜"

하지만 여기서 단 한 문장만 더 보탠다면 전혀 다른 서사가 된다.

"왜 나한테만 이런 일이 생기냐… 그래도 어쩌겠어. 이걸 기회로 삼자."

"참나, 이걸 어떻게 해… 그래도 일단 해보자."

"짜증나네, 진짜… 근데 이렇게라도 배우는 거니까."

불평이 나오는 건 자연스럽다. 그러나 마지막 문장은 의식의 선택이다. 그 한 줄이 나를 다시 일으켜 세우고 마음을 수습하게 한다. 말은 내가 가장 먼저 듣는 메시지고, 그 메시지가 감정의 방향과 태도의 밀도를 바꾼다.

언어는 흔히 가벼운 것으로 여겨지지만 사실은 삶의 균형을 지탱하는 가장 깊은 기둥이다. 어떤 언어로 자신을 일으켜 세우느냐에 따라 다시 걷는 방식이 달라지고, 결국 인생이 달라진다.

"말은 타인을 향해 뱉는 것 같지만
가장 깊이 스며드는 건 결국 자기 자신이다.
보이지 않는 희망 속에서도
자기 자신에게 힘을 실어줄 말을
고를 줄 아는 사람이
진짜 강한 사람이다."

'우연히'라는 말의
강력한 효과

"언어는 단지 단어로 이루어진 것이 아닙니다.
그것은 세상을 바라보는 방식입니다.
그것은 문명에 대한 열쇠입니다."

R. F. 콴

어느 날, 버스를 타고 가던 중이었다. 정류장에 멈춘 순간 창밖에 초등학생 여자아이가 서 있었다. 운전석에 앉아 있던 기사님은 문을 열었고, 아이는 조심스레 버스에 올라 기사님께 다가가 말했다.

"아빠 보려고 기다렸어."

작은 목소리였다. 앞자리에 앉아 있던 나만 들었을 것이다. 그 말 한마디에 기사님의 얼굴에 미소가 번졌다. 말없이 오가는 사랑의 온기가 나에게도 전해졌다. 화려한 말도 감정적인

207

표현도 없었지만, 짧은 문장 안에 깊은 애정이 담겨 있었다.

평소 같았으면 나는 뒷자리에 앉아 이어폰을 꽂고 음악을 들었을 것이다. 그런데 그날은 뒷자리가 모두 차 있었고, 이상하게 이어폰을 꺼내고 싶지 않았다. 그저 멍하니 바깥을 바라보고 싶었다.

그렇게 겹친 일련의 '우연' 덕분에 나는 이 장면을 온전히 마주할 수 있었다. 우연히 앞자리에 앉았고, 우연히 이어폰을 꺼내지 않았고, 우연히 시선을 창밖에 두었기에 이 글을 쓸 수 있었다.

'우연히'라는 단어가 떠오르자 평범했던 하루가 특별해졌다. 그 장면을 보지 못했더라면 오늘도 그냥 스쳐가는 하루로 흘러갔을 것이다. 그 짧은 순간이 생각보다 오래 마음에 남았다.

그때 알게 되었다. 사랑은 거창한 이벤트나 값비싼 선물로만 표현되지 않는다는 것을. 진짜 사랑은 훨씬 더 조용하고 사소한 순간으로 다가온다.

누군가를 위해 시간을 내어 기다려주는 일, 조건 없이 바라봐주는 일, 아무 말 없이 곁을 지켜주는 태도. 그런 무언의 행동들이 사랑을 만든다. 사랑은 말이 아니라 태도이며, 거창함이 아니라 기다림이라는 것을. 그리고 그 모든 시작은 '우연히'라는 말에서 비롯되었다.

우연히 바라본 세상이 깊은 울림을 남길 때가 있다. 그 우연이 당신의 세계를 조용히 바꿔놓을지도 모른다.

그러니 '우연히'라는 단어로 일상을 다시 바라보자. 의도하지 않은 장면에서 삶의 온기를 발견하고, 그 순간을 가슴에 담아 천천히 글로 써 내려갈 수 있다면, 우리는 날마다 새로운 세계를 만나며 의식의 성장을 이뤄가게 된다.

"우연은 우리가 원치 않았던 순간에 찾아와
예상치 못한 깨달음을 건넨다.
그 작은 깨달음이 마음에 스며들려면
언어는 조금 더 섬세해야 한다.
의식이 깨어 있을 때 우리는 평범한 일상 속에서도
전혀 다른 장면을 발견하게 된다."

생산적인 사고를 하기 위한
말 3가지

"우리의 언어는 우리의 반영입니다.
언어는 화자의 성격과 성장의 정확한 반영입니다."

세사르 차베스

TV 프로그램을 보다 보면 연예인들의 말투나 화법에서 의외의 배움을 얻곤 한다. 그중에서도 인상깊었던 세 명의 연예인이 있다. 이들의 언어에는 상황을 유연하게 전환시키는 힘이 있었다.

다음은 그들의 언어에서 발견한 세 가지 사고방식이다. 이 말들을 익히는 것만으로도 당신의 하루는 훨씬 더 생산적으로 흘러갈 것이다.

1. 배우 강동원의 '동원적 사고' (도전의 언어)

그는 과거 일이 잘 풀리지 않을 때 이렇게 말했다고 한다. "왜 안 되는 거야." 하지만 시간이 흐르며 그의 말은 달라졌다. "그렇지, 안 되는 거지. 내가 더 열심히 해볼까?"

이 짧은 문장에서 보이는 건 자책이 아니라 도전이다. 스스로를 다그치기보다 '다음'을 바라보는 언어다. '동원적 사고'는 실패 앞에서도 "그럼에도 불구하고"를 말할 수 있는 힘이다. 그 태도는 삶을 축적의 방향으로 이끈다.

2. 가수 장원영의 '원영적 사고' (운을 부르는 언어)

한때 유행했던 말이 있다. 바로 "완전 럭키비키잖아."

장원영은 이렇게 말한다.

"'럭키비키'는 일상생활에서 소소한 행복을 찾고, 그 안에서 감사함을 느끼는 거예요."

어느 날, 빵집에 줄을 섰는데 자신 앞에서 마지막 빵이 동났다. 누군가는 실망했을 순간, 그녀는 이렇게 말했다.

"오히려 갓 구운 빵을 먹을 수 있잖아? 완전 럭키비키잖아."

'원영적 사고'는 운을 끌어당기는 언어다. 기분이 상할 수 있는 순간에도 웃음을 선택하고 순간의 공기를 따뜻하게 물들이는 말이다.

3. 배우 천우희의 '우희적 사고' (유연함의 언어)

그녀는 예상치 못한 상황에서 "내 인생이 점점 버라이어티해지는군. 재밌겠어"라고 말한다. 또는 이렇게 말한다.

"얼마나 잘되려고 이럴까?"

"에피소드 하나 더 생긴다고 생각하지 뭐."

'우희적 사고'는 변수에 당황하지 않고 그것을 삶의 서사로 받아들이는 감각이다. 버라이어티하다는 말은 원래 즐거운 의미를 품고 있다. 어떤 사건이든 '에피소드'로 바꿀 수 있는 태도는 삶을 명랑하게 만든다.

우리는 매일같이 말로 자신을 설계하고 있다. 스스로에게 물어야 한다. 나는 지금 어떤 언어로 내 삶을 끌고 가고 있는가? 무의식적으로, 부정적인 말로 나를 향해 독백하고 있지는 않은가?

"언어는 곧 태도다. 태도는 결국 운명이 된다.

생산적인 언어는 생산적인 인생을 만든다.

말이 바뀌면 생각의 결도 달라지고,

생각이 바뀌면 삶의 톤도 바뀐다."

승자의 언어
패자의 언어

"승자가 즐겨 쓰는 말은 '다시 한번 해보자'이고,
패자가 즐겨 쓰는 말은 '해봐야 별수없다'이다."

탈무드

'촌철살인(寸鐵殺人)'이라는 말이 있다. 짧은 말 한마디가 사람의 마음을 베고 운명을 바꿀 수 있다는 뜻이다. 말은 때때로 삶 전체의 무게를 결정짓는 힘이 된다.

특히 친구들 사이에서 새로운 도전을 이야기할 때면 돌아오는 말이 대개 이렇다.

"그거 레드오션이야. 어차피 해봤자 안돼."
"그걸 네가 한다고? 제정신이냐?"

214

"다 실패했어. 그러니까 네가 하면 망해."

이 정도는 흔하다. 더 나아가면 이렇게 말하기도 한다.

"야, 내가 그거 해봤는데 진짜 아니야. 분명 후회한다."

물론 이 말들에는 나름의 '진심'이 담겨 있다. 걱정하는 마음, 실패하지 않길 바라는 마음. 그 마음을 알기에 듣는 입장에서도 함부로 무시하긴 어렵다. 하지만 명심해야 할 것이 있다. 그들의 조언은 참고사항일 뿐 선택은 온전히 나의 몫이라는 점이다.

누군가의 실패 경험이 곧 나의 실패를 예언하는 건 아니다. 상황도 성향도 역량도 다르기 때문이다. 만약 세상의 모든 도전이 타인의 실패담에 의해 막혔다면 인류는 여전히 불을 피우고 동굴에 살고 있을 것이다.

많은 사람들이 '레드오션'이라면 "너무 치열해서 어렵다"고 피하고, '블루오션'이라면 "수요가 없어서 의미 없다"며 돌아선다. 그러면서 무엇이든 하지 않을 이유부터 찾는다. 망설이고 걱정하고 토론하는 사이에 누군가는 이미 실행하고 있다. 차이는 여기서 벌어진다. 움직이는 자와 멈춰선 자.

실제로 나아가는 사람들은 이렇게 말한다.
"그래도 해보자."
"어차피 내 인생이니까 내가 결정한다."
이것이 바로 승자의 언어다.
완벽한 조건을 기다리느라 시간을 보내는 대신 일단 부딪치고 깨지고 배우는 사람은 결국 한 발 앞선다. 흔히 '시작이 반이다'라고들 한다. 그러나 나는 이렇게 말하고 싶다.

"시작이 전부다."

시작하지 않으면 아무 일도 일어나지 않는다. 무심코 내뱉는 말이 어느새 삶의 방향을 결정짓는다. 그러니 지금 어떤 말을 입에 담고 있는지 스스로에게 물어야 한다. 그 말이 곧 당신의 선택이고, 당신의 길이기 때문이다.

"언어는 의식을 만들고,
의식은 삶의 방향을 정한다.
익숙한 말버릇 하나가
삶 전체의 결을 바꿔 놓는다."

타인의 기쁨을 공감하는 자가
진정 지성인이다

"언어에 대한 지식은 지혜로 가는 문입니다."

로저 베이컨

무언가에 도전할 때 사람들은 흔히 염려와 회의의 언어를 건넨다. 그런데 정작 그 도전이 성과로 이어졌을 때조차 돌아오는 반응은 크게 다르지 않다. 겉으로는 축하의 말을 건네지만 속마음은 오히려 불편해진다.

이유는 간단하다. 타인의 성취는 종종 자신의 현실을 자극하기 때문이다. 우리는 본능적으로 비교하고 스스로를 초라하게 느끼며, '운이었겠지'라며 애써 위로를 찾는다. 그래서 겉으로는 미소를 짓지만 그 뒤에는 시기와 질투의 말들이 오간다.

니체는 이 심리를 예리하게 꿰뚫었다.

"뱀은 우리를 물어 상처를 입히면 기뻐한다. 아무리 저차원적인 동물이라도 타인의 고통은 상상할 수 있기 때문이다. 반면에 타인의 기쁨을 상상하며 진심으로 기뻐하는 것은 가장 고차원적인 동물에게만 주어지는 특권이다."

타인의 고통을 보며 위안을 얻는 건 쉽다. 하지만 남의 기쁨 앞에서 마음으로 함께 웃는 건 어렵다. 그건 성숙의 징표이자 인격의 깊이, 그리고 지성의 품격이기 때문이다.

나 역시 한때는 그러지 못했다. 친한 친구나 가까운 형들이 좋은 회사에 합격했다는 소식을 들었을 때 "축하해"라고 메시지를 보냈지만 마음 한 켠은 불편했다.

'나는 지금 뭘 하고 있는 거지. 왜 이렇게 뒤처진 것 같지?'

자책과 질투, 조급함이 뒤엉킨 감정이 몰려왔다.

하지만 시간이 흐르며 알게 되었다. 남의 성장을 진심으로 축하할 수 있을 때 나도 더 큰 기회를 맞이할 준비가 된다는 것을. 선하고 좋은 마음에는 반드시 좋은 결과가 깃든다.

진정한 성숙은 타인의 성공 앞에서도 흔들리지 않는 마음에서 비롯된다. 비교하지 않고, 비꼬지 않고, 이렇게 말한다.

"정말 잘됐네. 너를 보며 나도 많이 배운다."

타인의 기쁨을 나의 기쁨처럼 느낄 수 있는 사람. 그런 이가 진짜 지성인이다. 그러니 타인의 성공 앞에서 진심으로 웃고 축하할 수 있는 사람이 되자. 남의 고통을 보고 위안을 얻는 건 동물의 본능이다. 그러나 우리는 사고하는 인간이며 품격 있는 태도를 선택할 수 있다.

성숙한 사람은 타인의 기쁨을 있는 그대로 받아들이며, 자신의 성장 가능성을 더욱 확장해 나간다. 그러한 태도는 결국 더 많은 기회와 운을 끌어당긴다. 질투는 마음을 병들게 하지만 진심 어린 축하는 삶의 에너지를 순환시킨다.

"태양의 빛을 받아
밤하늘에 반사되어 빛나는 달처럼
타인의 성공을 진심으로 축하하는 순간
그들의 빛이 내 안에 스며들어
결국 나도 빛나게 된다."

말 한마디의 위력은
어떤 것보다 강력하다

"사람이 이해하는 언어로 이야기하면
그 사람의 머리로 전달되지만, 그 사람의 언어로 이야기하면
그 사람의 마음으로 전달됩니다."

넬슨 만델라

나는 매일 글을 쓴다. SNS와 블로그, 다양한 플랫폼에 하루도
빠짐없이 글을 올린다. 하지만 그 글은 결코 나만을 위한 것이
아니다. 글쓰기는 내게 '전달'이며 '건넴'에 가깝다. 그래서 언
젠가부터 이런 메시지를 받기 시작했다.

"매일 출근 전에 억메님 글을 읽고 갑니다."
"지금 저에게 정말 필요했던 말입니다. 감사합니다."
"게시물 너무 잘 보고 있어요. 항상 힘 받아갑니다."

"억만장자 메신저님께서 스스로에게 들려주고 싶었던 좋은 말씀들이 타인들에게도 빛나는 듯 싶어요. 앞으로 더 좋은 기운, 좋은 일 많으셨으면 좋겠습니다."

가끔은 나도 지친다. 하지만 꾸준히 써 내려가는 일이 고되게 느껴질 때 이 댓글들이 다시 나를 일으킨다. 내가 건넨 말이 누군가에게 닿고, 그 반응이 다시 나를 위로한다. 이것이 말의 순환이고, 글의 온기다.

일상에서도 말은 뜻밖의 힘을 발휘한다. 편의점 야간 근무를 막 시작했을 무렵 연일 술 취한 손님들에 지쳐 있었다.

어느 날, 한 진상 손님이 가게 테이블에 앉아 욕을 하고 술 가져오라고 고함을 쳤다. 나는 경찰에 신고했고, 경찰관 두 분이 출동해 상황을 정리해주셨다. 그리고 그들이 돌아가던 순간, 나이가 지긋한 경찰관 한 분이 조용히 말했다.

"새벽에 참 수고가 많아요."

아무것도 아닌 말처럼 들릴 수 있지만 그 한마디에 나는 울컥했다. 몸보다 마음이 지쳐 있었기에 그 말은 위로와 동시에 견딜 힘이 되었다.

말은 그렇게 사람을 살릴 수 있다. 때로는 삶을 포기하려는 누군가에게 다시 걸어갈 용기를 주는 결정적인 힘이 된다. 내가 어떤 말을 사용하는지는 곧 내가 어떤 삶을 살아가고 있는지를 보여준다. 말은 나를 위한 것이면서도 타인을 위한 것이어야 한다.

무심코 건넨 한마디가 누군가에게는 하루를 버틸 이유가 되기도 한다. 그러니 좋은 언어를 소유하자. 따뜻하고 단단한 말을 훈련하자. 그 말들이 누군가에게 위로가 되고, 나에겐 다시 일어설 힘이 된다.

나를 행복하게 만들고 싶다면 먼저 타인을 행복하게 만드는 언어를 선택하자. 대단한 기부나 봉사가 아니어도 괜찮다. 일상의 언어부터 바꾸면 된다. 그 작은 변화만으로도 충분하다. 모두가 자신의 언어를 단정히 다듬는다면 이 세상은 훨씬 아름다워질 것이다.

"말은 나를 살리는 동시에 타인을 살리는 도구다.
따뜻한 언어를 가진 사람은
결국 따뜻한 인생을 살게 된다."

정신적으로 가난한 사람들의 특징

"언어는 우리가 생각하는 방식을 형성하고,
우리가 생각할 수 있는 것을 결정합니다."

벤자민 리 워프

프랜시스 베이컨이라는 인물이 있다. 영국의 철학자이자 과학자, 정치가였다. 근대 과학의 기초를 닦은 사상가로, 이후 뉴턴과 데카르트 같은 위대한 사상가들에게도 깊은 영향을 주었다. 그의 저서 『베이컨 수상록』에는 이런 문장이 있다.

"부를 경멸하는 것처럼 보이는 사람들을 너무 신용하지 않는 것이 좋다. 부를 얻을 가망이 없는 사람들이 부를 경멸하기 때문이다. 그러한 사람들이 부를 얻게 되면 그들만큼 상대하기 곤란한 사람도 없다."

이 문장을 읽고 나는 '정신적으로 가난한 사람들'을 떠올렸다. 그들은 다음과 같은 특징을 가진다.

1. 행동보다 말을 앞세운다.

2. 새로운 세계를 알려고 하지 않는다.

3. 남 탓과 비난을 습관처럼 반복한다.

4. 자신은 바꾸지 않으면서 세상을 바꾸려 든다.

5. 나이를 권력이라 착각한다.

베이컨이 지적한 '부를 경멸하는 자'는 사실 부의 세계를 경험하거나 이해한 적이 없는 이들이다. 막연한 감정으로 비난하고 부정하지만, 정작 자신이 그 자리에 오르면 더한 집착과 과시로 해악이 되곤 한다.

나 역시 한때는 부자들이 싫었다. 이유는 단순했다. 내 주변 모두가 그들을 욕했기 때문이다. 그 말에 무비판적으로 동조하며 '부자=나쁜 사람'이라는 관념을 받아들였다. 지금 돌이켜보면 그것은 철학의 부재이자 사유의 결핍이었다.

남들의 목소리에 휘둘리며 스스로는 아무런 관점도 갖지 못한 채 허수아비처럼 사고했었다. 그때의 나는 정신적으로 가난한 사람이었다. 내가 모르는 세계를 비난하며 그 이면의 노력과 맥락을 들여다보려 하지 않았다.

　그러나 경멸은 어떤 성과도 낳지 않는다. 진짜 성장은 묵묵히 관찰하고, 실행하고, 넘어지며 배워가는 과정에서 시작된다. 정신적으로 가난한 사람일수록 입만 살고 남 탓이 많다. 반면, 성숙한 사람은 남의 삶을 비난하기보다 그 안에서 의미를 읽고 배운다.

　물질적 가난보다 더 무서운 것이 정신의 가난이다. 경멸은 나를 해치고 주변을 지치게 만든다. 그러나 그 감정을 통찰로 바꿔 낼 수 있을 때 삶은 다른 방향으로 나아간다. 질투보다 값진 건 배움이고, 시기보다 중요한 건 겸손이다. 성장의 태도는 의식의 성장에서 비롯된다.

"의식이 자라면 언어가 달라진다.
그리고 진짜 지혜는 그 언어대로 살아갈 때 생긴다.
말만 앞서는 삶이 아니라
실천으로 증명하는 삶이어야 한다."

모욕적인 말은
때론 나를 살린다

"가장 좋은 복수 방법은 상대방처럼 되지 않는 것이다."

마르쿠스 아우렐리우스

개인 물류센터에서 일하던 시절, 나는 사장에게 심한 폭언을 들었다. 어느 날 바코드를 찍고 물건을 상자에 담고 있는데, 그가 나를 한심하다는 듯 쏘아보며 툭 내뱉었다.

"니가 그러니까 알바 인생이지. 그것도 똑바로 못하냐?"

순간 멍해졌다. 잘못 들은 줄 알았다.

"네?"

그는 다시 한 번 반복했다.

"그러니까 니가 평생 알바나 하는 거야."

속이 끓어올랐다. 주먹이 저절로 쥐어졌다.

'뭐, 뭐라고?'

목까지 차오른 말을 겨우 삼켰다. 하지만 그 상황에서 그저 참을 수밖에 없었다. 아직 받아야 할 급여가 있었고, 나는 알바생이었다. 마스크 속 얼굴이 달아오르는 게 느껴졌다. 그는 내 표정을 읽었는지 비웃으며 말했다.

"왜, 열받아? 니가 열받으면 어쩔 건데?"

그 순간 정말 주먹이 나갈 뻔했다. 하지만 그와 동시에 냉정하게 현실을 직시했다.

'여기서 화를 낸다고 바뀌는 건 없다.'

그 후로 알바생들은 계속 들어왔지만 오래 버티지 못했다. 대부분은 금세 떠났고 내 업무만 점점 늘어났다. 어떤 날에는 거대한 철문을 닫다 손가락을 크게 다쳤고, 붕대를 감은 채로 일해야 했다. 몸도 마음도 점점 망가져 갔다. 그러다 퇴근길에 문득 생각이 들었다.

'더는 안 되겠다. 이렇게 가다간 내가 부서질 거 같다.'

228

며칠 뒤, 퇴근길에 사장과 마주쳤다. 나는 담담하게 말했다.

"저, 그만두겠습니다. 알바생들한테 그렇게 하대하지 마세요. 일이 힘들어서가 아니라 그 태도 때문에 다들 떠나는 겁니다. 지금까지 일한 건 입금 부탁드립니다."

실제로는 10분 넘게 이야기했다. 열악한 근무 환경, 시설, 사장의 언행까지 하나하나 조목조목 짚으며 이야기했다. 그동안 눌러왔던 말들이 한꺼번에 터져 나왔다. 그날 이후, 나는 이전보다 단단해졌다.

모욕적인 말은 분명 상처였다. 하지만 그 말은 동시에 나를 깨우는 자극이기도 했다. 말은 사람을 찌르기도 하지만 정신을 일깨우기도 한다.

결국, 그 말에 어떻게 반응하느냐가 나를 만든다. 상처를 받는 건 어쩔 수 없다. 하지만 그 말을 마음 깊이 품고 살아갈 필요는 없다. 그 사람처럼 되지 않겠다는 다짐으로 그 말조차 연료로 삼는다면 오히려 더 단단한 삶으로 나아갈 수 있다.

"모욕은 순간이지만
그 말에 어떻게 반응하느냐는 평생을 가른다.
무시당했다고 억울하다고
그대로 갚아주려 들지 마라.

진짜 강한 사람은 그런 말마저
자신을 단련하는 연료로 만든다.
결국, 아무 말 없이 자신의 길을 걷는 자만이
증명한다. 성장이야말로 날카롭고 우아한 복수다."

다정함은
지능이다

"진정한 지성은
타인을 향한 다정함으로 드러난다."

알베르트 아인슈타인

한동안 "다정함은 지능이다"라는 문장이 SNS에서 자주 회자됐다. 살아 보니 그 말이 뻔한 감성 문구가 아니라는 걸 절감하게 된다. 다정하다는 건 단지 친절한 말 몇 마디를 건네는 일이 아니다. 가벼운 배려를 넘어 상대를 깊이 이해하고 존중하려는 사고에서 비롯된다.

배려, 친절, 사회성, 섬세함, 상황 판단력. 이 모든 감각이 어우러질 때 지성은 '태도'로 드러난다. 그래서 다정한 사람은 대체로 생각이 깊고, 감정이 섬세하며, 관계를 조화롭게 이끈다.

이런 태도는 누구나 흉내낼 수 없다. 겉으로 드러나는 친절과 내면에서 우러나오는 따뜻함은 본질적으로 다르다. 다정함이 깊게 느껴지는 이유는 성숙한 사고와 훈련된 인격이 깃들어 있기 때문이다.

JTBC 드라마 〈사랑의 이해〉에는 이런 대사가 나온다.

"밥 먹으러 가면 자연스럽게 숟가락을 챙겨주고, 물잔이 비면 나도 모르게 내 물잔에 물을 채워주는, 나는 그런 다정함도 다 지능이라고 보거든. 상대를 안심시키는 반듯함은 하루이틀만에 쌓이는 게 아니니까."

이처럼 다정함은 지성을 기반으로 한 태도다. 맥락을 읽고, 감정을 섬세하게 짐작하고, 조화롭게 반응하는 일련의 선택들은 지적인 배려다.

오늘날 사회는 실력보다 인성과 교양을 더 요구한다. 유능한 사람은 많지만 품성을 갖춘 사람은 드물다. 결국 함께 일하고 싶은 사람은 '다정한 사람'이다.

그러나 다정함은 타고나는 성향이 아니다. 반복된 훈련과 깊은 성찰의 결과다. 보기에 부드러워 보여도 그 안엔 많은 에너지가 필요하고, 깊은 인식과 인내가 반드시 뒷받침되어야 한다. 그래서 다정한 사람은 삶의 여러 층위를 통과한 사람처럼 느껴진다.

우리는 흔히 IQ를 중시하지만, 사회에서 더 큰 영향을 미치는 것은 EQ다. IQ가 나를 위한 지능이라면, EQ는 타인을 위한 지능이다. 그리고 그 EQ는 친절, 배려, 공감에서 비롯된다.

사람의 마음을 어루만지고 위로하는 다정함을 가볍게 여기지 말자. 그런 태도는 수많은 상처와 경험을 통과하며 길러진 깊은 이해의 결과일 수 있다. 타인과 자신을 동시에 존중할 줄 아는 균형 잡힌 지성이다.

"다정하게 살아간다는 건
매 순간 깨어 있는 것이다.
타인을 안심시키고, 언어를 정제하며
관계를 유연하게 품는 태도다.
그러한 따스한 배려가
깊고도 지적인 삶을 만든다."

인성이
최고의 경쟁력이다

"인성은 재산보다 더 큰 부다."

토마스 페인

인성은 언제나 중요한 덕목이었다. 하지만 요즘처럼 인성이 곧 경쟁력이 되는 시대는 드물다. 과거 유교 사회에서도 예의와 도덕은 인격의 핵심이었다. 그러나 어느 순간부터 '사람 됨됨이'보다는 능력과 성과만을 중시하는 분위기가 자리잡았다. 그렇게 잠시 잊힌 듯했던 인성이 지금 다시 중심으로 떠오르고 있다.

요즘은 한 사람의 말 한마디, 행동 하나가 커리어 전체를 좌

우하는 시대다. 유튜버, 연예인, 공무원, 정치인에 이르기까지 인성 논란으로 무너진 사례가 셀 수 없을 정도다. 무심코 뱉은 말실수, 무례한 태도, 교양 없는 언행은 단숨에 대중의 신뢰를 무너뜨린다.

오타니 쇼헤이 역시 이와 같은 태도의 중요성을 강조한 바 있다. 그는 이렇게 말했다.

"실력이 비슷하면 인사 잘하고, 교양 있고, 겸손한 선수가 그렇지 않은 선수보다 더 많은 기회를 가지게 돼요. 그런 선수에게 더 마음이 가기 마련입니다. 마음가짐, 즉 태도가 곧 경쟁력입니다. 실력뿐만 아니라 마음가짐까지 바르고 올곧다면 이루지 못할 게 없어요."

실력이 엇비슷하다면 누구라도 교양 있고 겸손한 사람에게 마음이 간다. 만약 우리가 고용주나 감독의 입장이라면 당연히 인성이 훌륭한 이를 선택할 것이다. 이것이 바로 인성의 경쟁력이다. 이를 상징적으로 보여주는 일화 하나가 자주 인용된다.

폭우가 쏟아지던 어느 밤, 한 노부부가 미국의 작은 호텔을 찾았다. 객실은 만실이었고, 프런트 직원은 정중히 사과했다. 그리고 이렇게 말했다. "혹시 괜찮으시다면 제 숙소에서 하룻밤 머무르시겠습니까?" 노부부는 그의 배려에 감동했고 감사한 마음으로 하룻밤을 보냈다. 그로부터 2년 뒤, 그 젊은 직원은 뉴욕으로 초대받아 뜻밖의 제안을 받는다.

"이 호텔은 당신을 위해 지었습니다. 당신이 이 호텔의 첫 번째 사장입니다."

이 이야기는 조지 볼트와 월도프 아스토리아 호텔에 얽힌 것으로 교훈적 의미로 자주 인용되는 일화다. 실제로는 조지 볼트가 유능한 호텔 운영자이며 애스터 가문과의 인연을 통해 월도프 호텔의 초대 지배인이 되었다. 하지만, 이 이야기처럼 한 노부부에게 방을 내준 일화가 인성의 가치를 상징하는 전설처럼 전해지고 있다.

이 일화는 말해준다. 인성은 인생의 방향을 바꿀 수 있는 힘이라는 것을. 기회는 결국 사람다움을 지닌 사람에게로 향한다. 인성을 '착한 사람 되기' 정도의 미덕으로 좁게 보지 말자. 훌륭한 인성은 기회를 만들어 내고 품격을 증명한다. 결국, 인성이 실력을 완성시킨다.

"시간이 흐를수록 인성의 가치는 더 커진다.

지식은 쌓을 수 있고 기술은 배울 수 있다.

하지만 인성은 흉내낼 수 없다.

정보가 넘쳐나는 시대엔 누구나

전문가가 될 수 있다. 그러나 기회를 만드는 건

결국 '사람됨'이다. 인성이 곧 실력이다."

Billionaire

✕

Messenger

5장

흔들려도
무너지지 않는 마음

성숙

모든 사람에게
배울 점이 있다

"세 사람이 길을 가면 그중에 반드시 나의 스승이 있다.
그들의 좋은 점은 본받고, 좋지 않은 점은 반면교사로 삼는다."

『논어』술이편

우리는 살아가며 수많은 사람을 만난다. 그중엔 삶의 모범이
되는 사람도 있고, 반대로 '저렇게 되지 말아야겠다'는 반면교
사를 남기는 이들도 있다. 그래서 사람을 만나는 일은 삶을 배
우는 하나의 과정이 된다.

어떤 이는 말 한마디로 나를 일으켜주고, 어떤 이는 무례한
태도로 내 모습을 돌아보게 만든다. 모든 관계는 거울이고, 누
군가는 나의 스승이 되며, 누군가는 나의 타산지석이 된다.

나 역시 그랬다. 편의점 일을 시작하기 전까지 수차례 아르

바이트를 했지만 대부분은 상처로 남아 있었다. 폭언, 무시, 은따. 특히 물류센터에서 겪은 인신공격은 새로운 일을 시작하는 데 큰 두려움을 남겼다.

그러나 전역 후 만난 편의점 점장님은 달랐다. 서른 살 가까이 차이 나는 나에게도 존댓말을 쓰며 기본적인 예의를 지켜주셨고, 진상으로 힘들어할 때 따뜻한 격려를 건넸다.

"너무 신경 쓰지 마요. 저도 예전에 10년 넘게 야간 근무했어요. 익숙해지면 분명 괜찮아질 거예요."

이런 말 한마디가 나를 지탱해줬다. 그분은 직원 한 명 한 명을 존중했고, 덕분에 오래 함께 일하는 직원들이 대부분이었다. 나 역시 이곳에서는 어느덧 3년이 넘는 시간을 보내고 있다.

점장님의 태도는 내게 많은 걸 가르쳐주었다. 직원을 대하는 자세에서 '어떤 사람이 되어야 하는지'를 배웠다. 반대로 무례한 손님들에겐 '저렇게 되지 말아야겠다'는 교훈을 얻었다. 그러다 문득 나 자신에게도 물었다. '혹시 나도 저런 모습을 하고 있지는 않을까?' 성찰은 그렇게 타인을 통해 시작되었다.

점장님은 내게 삶의 태도를 일러준 스승이었고, 진상 손님들은 나를 되돌아보게 만든 타산지석이었다. 돌아보면 누구도 헛된 존재는 없었다. 누군가는 나를 끌어올리고, 누군가는 나를 시험했다. 결국, 모든 사람은 나를 성숙하게 만드는 은인이다.

일터는 단지 생계를 위한 공간이 아니다. 그 안에서 우리는 사람을 통해 배우고, 삶의 태도를 연습하며, 자신을 가꾸어간다. 잘 살고 싶은 사람이라면 '사람'을 통해 배워야 한다. 당신의 곁에도 그런 '작은 학교'는 분명히 있다.

"주변을 찬찬히 둘러보라. 공자의 말처럼
모든 사람은 나의 스승이자 반면교사다.
누군가는 본받을 점을 보여주고,
또 누군가는 나를 되돌아보게 한다.
삶이란 사람을 통해 배우는 현실적인 공부다."

사실 나 혼자서
이룬 건 없다

"홀로 서는 나무는 바람에 쉽게 쓰러지지만,
함께 서는 숲은 견딘다."

아프리카 속담

만화 '짱구는 못말려'에는 짱구 아빠 신형만이 사직서를 내려고 고민하는 에피소드가 있다. 회사에서 큰 실수를 저지른 그는 아내에게 묻는다.

"나, 이 일이 나랑 안 맞는 것 같아. 그만둘까?"

그때 아내 봉미선은 이렇게 말한다.

"한 번뿐인 인생인데 마음 편히 살아야죠. 설마 굶어 죽기야 하겠어요? 전 당신의 능력을 믿어요."

그 말에 용기를 얻은 그는 사직서를 챙기지만, 출근 전 아침에 짱구를 보며 마음을 바꾼다.

'짱구는 아무리 혼나도 기가 죽는 법이 없어. 사고를 칠 때마다 오히려 더 씩씩해지고 강해지는걸. 좋아!'

그렇게 웃으며 사직서를 찢어 버리고, 새 다짐과 함께 기분 좋게 출근한다. 짱구 아빠는 결국 가족의 말 한마디, 존재 자체만으로 다시 일어선다.

어릴 땐 그저 유쾌한 만화인 줄만 알았다. 하지만 나이가 들수록 그 안에 담긴 삶의 교훈이 선명하게 느껴진다. 특히 극장판마다 울림 있는 메시지가 담겨 있다. 짱구가 세대를 넘어 지금까지도 사랑받는 이유는 그 때문일 것이다.

신형만이 가족 덕분에 다시 출근을 결심한 장면을 보며 문득 이런 생각이 들었다.

'내가 이렇게 살아가고 조금이나마 괜찮은 사람이 될 수 있었던 건, 결국 누군가가 건넨 친절과 작은 배려 덕분이었다.'

삶을 반추해보면 정말 나 혼자 해낸 건 거의 없다. 고독의 시간 속에서 나홀로 축적을 하는 그 순간에도 누군가의 이해와 응원, 침묵의 배려가 있었기에 가능한 일이다. 그러니 '나 혼

244

자 다 해냈다'는 말은 오만일지 모른다.

진정 이 사실을 깨달을 때 사람은 겸손해지고 깊어진다. 진짜 교양인은 자기 힘만을 자랑하는 사람이 아니라, 자신에게 스며든 수많은 도움과 기회를 기억하는 사람이다.

실패의 시작은 대개 자기 과신이다.

"나 정도면 충분하지"라는 착각은 어느 순간 큰 틈을 만든다. 냉정하게 자신을 보는 '메타 인지'는 그래서 더욱 중요하다. 내가 잘해왔다면 그건 분명 누군가의 도움이 있었기 때문이다. 그 사실을 기억하는 사람은 언제나 유능해진다.

"삶에서 당연한 것은 없다.
내가 누리는 모든 것은
누군가에겐 간절한 꿈이고,
또 누군가에겐 오랜 소망이다.
그 사실을 잊지 말자."

내가 행복해지는
방법

"타인을 위해 베푼 작은 행동이
가장 큰 행복을 가져온다."

오스카 와일드

요즘은 혐오와 갈등이 일상이 되었다. 익명 커뮤니티나 유튜브 댓글만 봐도 누군가를 헐뜯고 조롱하는 말들이 넘쳐난다. 나 역시 한때는 타인을 미워하는 데 많은 에너지를 쏟았다. 그런데 시간이 흐르며 한 가지를 분명히 알게 되었다. 남을 미워하는 동안 나 자신도 미워하게 된다는 사실을.

『내면소통』의 저자 김주환 교수는 이렇게 말했다.
"남을 미워하면 암세포를 누르지 못한다."

246

실제로 부정적인 감정은 심혈관 질환이나 암 발병과도 깊은 관련이 있다고 한다. 반면, 감사와 존중, 용서의 감정은 창의력과 면역력을 높이는 데 도움이 된다고 한다.

돌이켜보면 정말 그렇다. 나는 군대에서 독서와 운동을 시작했고 전역 후에는 글쓰기를 시작했다. 그 시점부터 성격이 조금씩 바뀌었고, 타인을 향한 미움도 서서히 사라지기 시작했다. 몸이 건강해졌고 마음도 단단해졌다.

특히 글을 쓰기 시작하면서 변화는 더 뚜렷해졌다. '누군가에게 도움이 되었으면 좋겠다'는 마음으로 쓰는 글은 나를 치유했고, 내 삶을 더 따뜻하게 더 나은 방향으로 바꿔주었다.

만약 비난과 불평으로 글을 썼다면, 그 언어는 내 사고에 스며들었을 것이고, 어느새 삶의 분위기와 태도까지 물들었을지 모른다.

흔히들 말한다. "내 삶이 더 좋아지려면 나를 먼저 챙겨야 한다." 물론 맞는 말이다. 자기 돌봄은 누구에게나 중요하다. 하지만 이상하게도 오직 나만을 위해 살수록 삶은 점점 더 공허해지고 외로워진다. 행복은 나 혼자 만들 수 있는 결과물이 아니다. 관계 속에서 서서히 피어나는 정서적 부산물에 가깝다.

타인을 도울 때 비로소 진짜 기쁨을 느낀다. 뇌과학 연구도 말한다. 기여감이 클수록 인간은 더 큰 심리적 안정과 만족을 느낀다고.

워런 버핏, 빌 게이츠, 일론 머스크 같은 이들이 막대한 기부를 하는 이유도 여기에 있다. 그들은 안다. 타인을 위한 일이 결국 자신을 더 충만하게 더 행복하게 만든다는 것을.

우리가 진짜 추구해야 할 삶은 '받는 삶'이 아니라 '주는 삶'이다. 타인을 향한 공헌이 결국, 가장 나 자신을 위한 일이 된다. 기버가 되는 걸 삶의 목표로 삼는다면 우리는 조금씩 더 행복해질 수 있다.

"진짜 강한 기버는
자신을 챙길 줄 알고 남도 도울 줄 안다.
가장 약한 기버는 자신은 돌보지 못한 채
남만 챙기며 무너진다. 주는 것도 중요하지만
먼저 나를 일으켜야 한다.
그다음 기꺼이 나누는 삶을 택하자."

이 3가지만 지속하면
인생이 바뀐다

"책 한 권을 읽는 것은
새로운 삶을 사는 것이다."

조지 R.R. 마틴

지난 2년간 나는 단 세 가지 루틴만을 꾸준히 실천했다.

그 결과, 사고방식과 삶의 방향이 분명하게 달라졌다. 그 이유는 간단하다. 인간의 근본적인 역량을 끌어올리는 훈련이기 때문이다. 지금부터 소개할 이 세 가지는 누구에게나 적용 가능한 확실한 변화의 출발점이다.

1. 독서
- 나를 성장시키는 가장 확실한 방법

독서만큼 강력한 도구는 없다. 처음엔 자기계발서로 시작했지만 점차 투자서, 인문서, 철학서로 넓혀갔다. RPG 게임처럼 자신의 레벨에 맞는 책부터 차근히 쌓아올리는 게 중요하다.

읽을수록 시야가 확장됐고, 책 속 문장들은 위기 속에서도 삶을 붙잡아줬다. 빠르진 않지만 가장 멀리 가는 무기. 그게 바로 책이다.

2. 글쓰기
- 생각을 구조화하는 훈련

독서가 인풋이라면 글쓰기는 아웃풋이다. 처음엔 무작정 쓰다 포기했지만, 읽는 양이 늘자 자연스레 쓰고 싶어졌다.

글쓰기는 생각을 구조화하고 말의 품격을 다듬는다. 특히 SNS나 블로그에 글을 올리는 습관은 자기 확신과 방향성을 더해준다. 글을 쓸수록 자신이 어떤 사람인지 또렷하게 인식하게 된다.

3. 운동
- 몸을 움직이면 삶도 움직인다

예전엔 운동하라는 말이 진부하게 들렸다. 하지만 직접 해보니 알게 됐다. 안 하면 손해다. 대부분의 작가들도 루틴에 가벼운 운동을 포함시킨다. 왜냐하면 글을 쓰는 일은 많은 에너지와 정서적 회복이 필요하기 때문이다. 특히 유산소 운동은 뇌의 신경세포 생성을 돕고 집중력과 창의력을 끌어올린다. 직장인과 학생 모두에게 필요한 자기관리 습관이다.

독서, 글쓰기, 운동. 이 세 가지만 루틴화하면 인생은 정말 바뀐다. 3개월만 실천해보라. 당신의 몸과 생각, 그리고 삶의 방향이 달라질 것이다. 가장 확실한 변화는 늘 기본에서 시작된다. 이 세 가지는 지금의 나를 바꾸는 가장 실질적인 방법이다.

"삶은 끊임없는 선택의 연속이다.
독서, 글쓰기, 운동은
그 선택의 정확도를 높여주고
생각의 깊이까지 바꿔준다.
이 세 가지가 습관이 되는 순간
인생도 자연스럽게 달라진다."

멘탈이 강한 사람이 가진
특징

"하루의 질서가 삶의 질서를 만든다."

마르쿠스 아우렐리우스

많은 사람들이 간과하는 것이 있다면 바로 일상의 기본을 가볍게 여긴다는 점이다. 제때 밥을 먹고, 햇볕을 쬐고, 가볍게 걷는 것. 중요하다는 걸 알면서도 '지금 당장 바쁘다'는 이유로 쉽게 뒤로 미룬다.

"오늘은 너무 바빠서, 그냥 한 끼쯤은 건너뛰자."
"운동은 무슨, 쉬기도 벅차."
"피곤해. 그냥 누워서 유튜브 보는 게 최고야."

이런 말들에는 공통점이 있다. 힘들다는 이유로 '기본'을 포기하고 있다는 것이다. 심리학자들이 말하길 멘탈이 강한 사람들의 특징은 일상이 무너지지 않는다는 것이다.

삶이 흔들릴 때조차 그들은 기본 루틴을 지킨다. 나는 일상을 이렇게 표현하고 싶다.

'일상은 삶의 마지막 방어선이다.'

그 방어선이 무너지면 외부의 스트레스와 혼란이 거침없이 밀려들어온다. 마치 전선이 뚫린 전쟁터처럼.

그리고 한 번 무너진 일상을 다시 회복하는 데는 생각보다 훨씬 더 많은 에너지와 시간이 필요하다. 그래서 멘탈이 강한 사람은 작고 단순한 루틴이라도 반드시 지킨다. 일상이 무너지는 순간, 삶 전체가 흔들리기 시작한다는 걸 알고 있기 때문이다.

물론 그들도 무너질 때가 있다. 다만 오래 주저앉아 있지 않을 뿐이다. 금세 일어나 흐트러진 일상을 다시 추슬러낸다. 결국 멘탈이 강하다는 건, 쉽게 무너지지 않는다는 뜻이 아니라 빠르게 회복할 수 있는 탄력성을 지녔다는 의미다. 이쯤에서 잠시 자신의 삶을 돌아볼 필요가 있다.

요즘 나는 어떤 일상을 살고 있는가.
무너진 루틴은 없는가.
나를 지켜주는 사소한 습관은 지금도 이어지고 있는가.

대부분 이렇게 생각한다. '오늘 하루쯤은 괜찮겠지. 겨우 한 번인데.' 하지만 사람은 관성의 동물이다. 한 번 흐트러지면, 두 번째는 더 쉬워지고, 세 번째는 습관이 된다. 그래서 웬만하면 힘들더라도 빠지지 않기 위해 애써야 한다.

습관은 의지만으로 만들어지지 않는다. 적어도 66일은 반복해야 몸과 마음에 각인된다. 그러니 쉽지 않더라도 오늘도 이어가자. 하루를 지키는 자만이 삶을 지켜낸다.

"삶을 무너뜨리는 건 큰 사건이 아니라
매일 반복되는 사소한 포기다.
반대로, 삶을 지켜내는 것도 거창한 결단이 아니라
매일의 기본을 지키는 작은 선택들이다."

회복탄력성을 향상시키는
방법 5가지

"우리는 넘어질 때 배우고, 일어설 때 강해진다."

넬슨 만델라

번아웃과 우울감이 일상이 된 시대다. 과로, 불안, 인간관계로 인한 에너지 소진이 극심하다. 그래서 지금 가장 필요한 건 '회복탄력성', 넘어져도 다시 일어서는 힘이다. 그 힘을 기르기 위한 다섯 가지 방법을 제안한다.

1. 러닝을 자주 한다. 숨이 찰 정도로

숨이 찰 정도의 러닝은 단순한 체력 훈련을 넘어 심폐 지구력과 고통 저항력을 함께 길러준다. 강인한 정신은 강인한 육체에서 비롯된다. 아무리 마음이 강해도 몸이 약하면 쉽게 무너진다. 회복탄력성을 높이고 싶다면 먼저 몸부터 단단하게 만들어야 한다.

2. 고전과 전기를 읽는다. 고통을 견뎌 낸 인물들의 이야기

삶이 힘들 때 가장 위로가 되는 건 비슷한 절망 속에서도 꺾이지 않은 사람들의 이야기다. 꼭 고전이 아니어도 좋다. 자기계발서든 전기든 중요한 건 그 안의 통찰을 내 삶에 적용하는 것이다. 실행 없는 독서는 머리만 무겁게 만든다. 괴테는 말했다. "실행이 없는 생각은 질병이다." 읽었다면 움직이고, 배웠다면 실천해야 한다.

3. 산책을 자주 한다. 뇌 피로 해소를 위해

생각이 복잡할수록 밖으로 나가라. 스마트폰을 두고 온전히 내 몸만 데리고 나가 걷는 것이다. 현대인은 매일 신문 수백 부에 해당하는 정보를 소비한다. (과거 연구에서는 175부로 추정됐지만, 지금은 SNS·쇼츠·알림까지 합치면 그 몇 배에 달한다.) 정신이 피폐해지는 건 이상한 일이 아니다. 산책은 마음의 온도를 조절하는 호흡이자 삶의 간섭에서 벗어나는 짧은 독립이다.

4. 글쓰기를 한다. 통제할 수 있는 영역에만 집중하기 위해

글을 쓰지 않고 사는 건 복잡한 문제를 암산하며 사는 것과 같다. 머릿속이 온통 생각으로 꽉 차 있으면 삶은 점점 피폐해진다. 하지만 글을 쓰면 그 복잡함은 명료함으로 바뀐다. 글쓰기는 뇌의 메모리를 최적화하는 일이다. 쓸수록 삶은 명확해지고 통제 가능한 일에 집중할 수 있게 된다.

5. 많이 시도하고 많이 실패한다.

실패는 성장의 다른 이름이다. 많이 도전할수록 실패는 늘지만 그만큼 성공에 가까워진다. 에디슨, 라이트 형제, 일론 머스크도 모두 실패 속에서 성공을 길러냈다. 실패 속에서 쓰러질 때마다 일어나는 법을 배워야 한다.

회복탄력성은 천성이 아닌 훈련으로 체화되는 능력이다. 실패를 두려워하지 말고, 흔들려도 다시 일어서는 연습을 멈추지 말자. 이 5가지를 한꺼번에 다하려고 하지 말고, 하나라도 제대로 하기 위해 힘쓰자.

"삶에서 가장 필요한 자질은 회복탄력성이다.
넘어져도 다시 일어나는 자는
이미 절반은 이긴 것이다.
스스로 회복하는 자만이 끝내 살아남는다.
단단한 사람은 쓰러지지 않는 사람이 아니라
매번 다시 일어나는 사람이다."

지금 시작하면
제일 빠르다

"나이는 시작을 막는 장애물이 아니다.
마음이 문제다."

사무엘 존슨

무언가를 시작하려 할 때 많은 이들이 망설인다.

"내 나이에 이걸 시작해도 괜찮을까?"

"너무 늦은 건 아닐까?"

하지만 기억해야 할 사실이 있다. 세상에는 '늦었다'는 기준이 없다. 나이에 대한 인식은 절대적이지 않다.

30대는 20대를 부러워하고, 40대는 30대에게 '지금이 딱 좋은 때'라 말한다. 50대는 40대를 '인생 전환점'이라 여긴다.

결국 나이는 숫자가 아니라 '관점'이다. 자신은 늦었다고 느껴도 누군가의 눈엔 아직 한창일 수 있다. 중요한 건 타인의 시선보다 스스로를 바라보는 시선이다.

나는 이 사실을 엘리베이터 안에서 실감했다. 내가 먼저 커피를 든 채 엘리베이터에 탔고, 곧이어 50대쯤 되는 아주머니와 80대쯤 되는 할머니가 함께 탔다. 정적이 흐르는 순간 아주머니가 깊은 한숨을 내쉬었다. 그때 할머니가 미소 지으며 말했다.

"허허, 아직 많이 젊은데 왜 한숨 쉬어요~."

그 말에 아주머니는 작게 웃었고, 나 역시 그 한마디에 깊은 울림을 받았다.

'나이는 어떻게 바라보느냐에 따라 다르게 느껴지는구나.'

누군가에겐 50대가 인생의 끝처럼 느껴질 수 있다. 하지만 또 다른 누군가에겐 무언가를 시작하기에 딱 좋은 시점일 수 있다. 인생의 시간표는 모두 다르기에 비교하고 조급해 할 필요 없다. 중요한 건 지금 이 순간을 어떻게 살아가고 있는가다. 참고로, 2026년 기준 대한민국의 중위연령은 47.3세다. 지금의 마흔은 예전의 스물이고, 서른은 이제 막 인생을 준비하는 시기다.

30년 전만 해도 우리나라의 중위연령은 20대였다. 하지만 지금은 무려 20살이나 높아졌다. 즉, 지금의 50대, 60대는 아직 젊다고 할 수 있다. 우리는 모두 어느 시점에서든 새로운 출발선에 설 수 있는 시대를 살고 있다.

엘리베이터 속 할머니의 말처럼 당신의 나이에 가능성을 제한하지 마라. 지금은 한숨 쉴 때가 아니라 들숨을 크게 들이쉬고 걸음을 내딛을 시간이다. 늦은 건 없다. 지금 시작하면 그게 제일 빠르다.

"늦었다는 생각은 모든 가능성의 문을 닫는다.
그러나 시작하는 순간, 그 문은 다시 열린다.
지금이 바로 그 순간이다."

인간의 약점은
호감을 얻으려는 마음

"난 미움받아도 전혀 상관없어요. 실컷 미워하세요.
진짜 약점은 호감을 얻고 싶어하는 것입니다.
그게 진짜 약점이고 저에겐 그게 없어요."

일론 머스크

이 말은 2023년 11월 뉴욕타임스 딜북 서밋에서 진행된 인터뷰 중에 일론 머스크가 한 말이다. 나는 그의 말에 경탄했고 한동안 곱씹으며 깊이 사색했다.

'그래, 나 또한 호감을 얻으려는 마음 때문에 얼마나 많은 기회를 흘려보냈는지 모른다.'

'글을 쓸 때도 많은 사람에게 잘 보이려는 마음이 앞서는 것 같다. 이제는 굳이 그러지 말아야겠다.'

그렇게 다짐했었다. 다만, 이 말을 '나르시시스트가 되라'는 뜻으로 오해하지 않았으면 한다. 사람들에게 미움을 사라는 말이 아니라 '호감'을 얻기 위해 자신을 잃어서는 안 된다는 의미다. 자신의 정체성과 의지를 타인의 인정을 얻기 위해 굽히지 말라는 것이다.

머스크가 이 말을 한 이유는 분명하다. 그는 언제나 남의 말에 휘둘리지 않고 자신이 믿는 바를 따라 움직여왔다. 비이성적이거나 괴짜 같다는 평을 들어도 아랑곳하지 않고, 오직 자신의 사명에 집중해온 사람이다.

그는 Zip2와 X닷컴을 창업하고 수억 달러에 회사를 매각한 후에도, 평생 놀고먹어도 될 자산을 뒤로한 채 '우주'라는 불확실한 영역에 모든 것을 걸었다. 당시 실리콘밸리에서는 우주 산업에 도전했다가 파산한 창업자들이 많았고, 대부분의 사람들은 그 분야가 정부 기업(NASA)에서나 가능한 일이라 여겼다.

스페이스X는 지금이야 우주 산업의 선두주자로 평가받지만, 머스크가 처음 뛰어들었을 때는 무(無)에 가까운 상태였다. 그 역시 이 분야에 대한 전문 지식이나 경력이 없었다. 그럼에도 그는 모든 자산을 스페이스X에 투자했다.

'남들에게 잘 보이려 하지 않겠다. 내 길을 가겠다.'

이런 그의 철학이 그의 결정에 고스란히 담겨 있었다.

호감을 얻기 위한 행동을 하지 않겠다는 머스크의 태도는 '사명감 있는 삶'의 전형이다. 그는 타인의 시선에 자신을 맞추지 않았고, 오직 자신이 진정 바라는 방향으로 묵묵히 나아갔다. 이 말의 본질은 주체적인 선택과 자기 신념에 대한 확신이다.

줏대 있고 주체적인 삶을 원한다면 이러한 마인드를 갖는 것이 유리하다. 나를 좋아하는 사람의 말이든 그렇지 않은 사람의 말이든 '나만의 기준'으로 경청할 줄 알아야 한다. 그것이 생각 있는 사람의 태도다. (물론 어느 정도 유연하게 경청하는 자세도 필요하다.)

남들이 하라는 대로 따라가는 삶은 내 인생이 아니라 타인의 인생이다. 나만의 철학과 사명감을 바탕으로 스스로 방향을 설정하고 걸어가야 한다. 그것이야말로 이 시대에 필요한 자질이다.

"인간의 최대 약점은

호감을 얻고 싶어 하는 마음이다.

그 마음을 내려놓는 순간,

비로소 진짜 자유가 시작된다.

타인의 시선이 아닌 내 기준과 신념에 따라

살아갈 때 불필요한 부담과 억압에서 벗어난다.

결국 중요한 건 내가 나 자신에게

호감을 갖는 삶이다."

최선을 다하고
하늘의 뜻을 기다려라

"하늘은 스스로를 돕는 자는 돕는다."

고대 그리스 격언

내가 가장 좋아하는 말이 있다. '진인사대천명' 사람이 할 수 있는 일을 다한 뒤에야 하늘의 뜻을 기다린다는 뜻이다. 즉, 내가 할 수 있는 선에서 최선을 다하고 그다음은 내려놓는 것이다.

우리는 종종 모든 것을 스스로 통제할 수 있다고 착각한다. 하지만 실상은 그 반대다. 내가 온전히 다룰 수 있는 것은 내 몸과 내 생각뿐이다. 세상의 흐름과 타인의 반응은 결코 내 손아귀에 있지 않다. 내가 1의 반응을 기대해도 현실은 0일 수 있다. 반대로 1을 기대했는데 10이 돌아올 수도 있다.

세상은 그렇게 계산되지 않는 방향으로 흘러간다. 결국 삶의 많은 부분은 운이라는 이름 아래 작동한다. 그러나 이것이 포기의 이유가 되어서는 안 된다. 노력을 멈추라는 뜻도 아니다. 다만 묵묵히 노를 젓되, 그 노력이 언제나 결실로 이어지지 않음을 받아들이라는 것이다. 이 지혜는 고전 속에서도 빛을 발한다.

『삼국지연의』에 보면, 제갈량은 수차례 북벌을 감행한다. 그중에서도 마지막 원정, 호로곡 전투의 이야기는 상징적이다. 그는 사마의를 산속 협곡으로 유인해 불의 계책으로 포위하려 했다.

화살이 비 오듯 쏟아지고 산은 불길에 물들었다. 바로 그때 하늘에서 폭우가 내렸다. 바람은 멎고 불꽃은 꺼졌다. 한줄기 비가 모든 계산을 무너뜨렸다. 그는 쏟아지는 빗줄기를 바라보며 탄식했다.

"모사재인 성사재천 불가강야."

일을 꾸미는 것은 사람이지만, 성패는 하늘의 뜻이니 억지로 바꿀 수 없다는 말이다.

아무리 완벽한 계획도 자연과 현상 앞에서는 무력해질 때가 있다. 그러나 그것 또한 삶의 이치다. 모든 것을 통제하려는 마음을 내려놓으면 우리는 삶을 온전히 살아가고 받아들이게 된다.

돌아보면 내 뜻대로 된 일보다 뜻밖의 우연이 더 큰 결실을 만들어 낸 적이 많지 않은가? 예기치 못한 실패가 새로운 길을 열어주고, 어긋난 순간이 삶의 궤도를 더 넓은 곳으로 이끌기도 한다.

시도하고 방황하는 그 과정 속에서 우리는 봄비처럼 스며드는 행운을 만나곤 한다.

운은 노력하는 자에게 분명 깃든다. 다만 언제, 어떤 모습으로 올지는 아무도 모른다. 그래서 우리는 계속해서 나아가야 한다. 결과에 연연하지 않고 할 수 있는 일을 다하며, 넘어져도 묵묵히 걸어가야 한다.

"사람이 할 수 있는 일을 다한 후

하늘의 뜻을 기다려라.

그 마음이야말로 가장 단단한 운을 만든다.

뜻대로 되지 않아도 괜찮다.

또 다른 막다른 길에서, 언젠가 다시 꽃은 피어난다."

당신이
명랑하게 살아야 하는 이유

"삶의 고통은 필연적이다. 그러나 그 고통 속에서
내면의 강인함을 키우는 것이 인간의 위대함이다."

아르투어 쇼펜하우어

쇼펜하우어는 '명랑한 마음'을 최고의 행복 조건으로 꼽았다.
그는 말했다.

"모든 자산 중에서 우리를 가장 직접적으로 행복하게 해주
는 것은 명랑한 마음이다. 이런 성품은 즉각적인 보상을 준다.
즐거워하는 사람은 언제나 그럴 만한 이유가 있다. 그가 즐거
워한다는 사실 자체가 곧 이유다."

명랑한 마음이란 유쾌하고 활달한 태도를 말한다. 삶은 본래 고통이라는 쇼펜하우어의 철학에 따르면 고통은 피할 수 없다. 그렇기에 그는 태도만큼은 주체적으로 선택해야 한다고 보았다. 그 사유에 기대어 '왜 명랑한 마음이 중요한가'를 다섯 가지로 정리해보려 한다. 이는 그의 철학에서 영감을 받아 나의 언어로 해석한 것이다.

1. 삶은 고통이다. 명랑함은 그 고통을 견디는 최고의 갑옷이다.

쇼펜하우어는 삶 자체를 고통의 연속이라 보았다. 그렇다면 우리가 바꿀 수 없는 현실은 받아들이되, 그 고통을 이겨낼 태도는 우리가 선택해야 한다. 명랑함은 그 어떤 철갑보다 단단한 방패가 된다. 결국, 나를 지키는 건 날마다 선택하는 태도다.

2. 불행은 피할 수 없지만, 반응은 선택할 수 있다.

삶은 예기치 않은 방향으로 흐른다. 그러나 그 앞에서 어떻게 반응하느냐는 우리의 몫이다. 울며 주저앉을 것인가, 웃으며 걸어갈 것인가. 상황이 아닌 태도가 삶을 결정한다.

3. 삶은 바꿀 수 없어도, 바라보는 시선은 바꿀 수 있다.

현실은 고정되어도 해석은 유연하다. 절망 속에서 의미를 찾으려는 의지, 그것이 철학자의 시선이다. 삶은 같아도 그것을 바라보는 마음은 바꿀 수 있다.

4. 비관은 인식이고, 명랑함은 의지다.

인간은 본능적으로 비관한다. 그러나 그 너머로 나아가려는 힘, 그게 바로 '의지'다. 그 의지의 표현이 바로 명랑함이다. 니체가 말한 초인의 정신도 이 명랑함과 닿아 있다.

5. 어차피 괴로울 인생이라면, 웃으며 건너는 편이 덜 지친다.

괴로움 없는 삶은 없다. 그렇다면 짓눌리기보다 웃으며 건너는 쪽이 낫다. 명랑함은 가볍게 사는 법이 아니라 무거운 현실을 감당하는 기술이다.

명랑함은 가벼운 척이 아니다. 삶을 얕보는 태도도 아니다. 그 무게를 감당하겠다는 조용한 결의다.

"피할 수 없다면 즐겨라."

진부해 보여도 고통 앞에선 진리다.

"쇼펜하우어와 니체가

명랑하게 살라고 한 이유는 간단하다.

'삶은 본래 고통스럽기 때문이다.'

그 고통 속에서도 웃을 수 있는 자만이

절망에 휘둘리지 않고, 스스로의 삶을 주도한다.

명랑함은 삶을 혁신하는 철학이다."

우울감은
오히려 나에게 좋다

"어두운 밤은 별을 더 밝게 보이게 한다."

존 밀턴

많은 사람들이 우울을 나쁜 것으로 여긴다. 하지만 인간은 본능적으로 현재보다 미래를 염두에 두고 살아가는 존재다. 불안을 통해 대비하고 준비하는 동물이다. 그런 점에서 적절한 우울감은 오히려 건강한 신호다. 우울이 지닌 긍정적 기능, 그 다섯 가지는 다음과 같다.

1. 자신을 깊이 돌아보게 만든다.

바쁠 때는 자신을 외면하게 된다. 그러나 우울은 잠시 멈추게 하고, 그 멈춤이 곧 내면을 들여다보는 계기가 된다. 지금 내가 어디쯤 와 있는지, 어떤 감정에 머물고 있는지, 그제야 비로소 자신을 바라보게 된다.

2. 능동적인 고독을 가능하게 한다.

사람들과 거리감이 생기면 자연스럽게 혼자 있는 시간을 택하게 된다. 이 고독은 고립이 아닌 '의식적인 선택'이 된다. 불필요한 소음을 걷어내고, 온전히 나에게 집중하는 밀도 있는 생산의 시간이다.

3. 창작과 몰입의 원천이 된다.

많은 예술가들이 종종 슬픔 속에서 명작을 남긴다. 감정의 깊이는 곧 표현의 깊이다. 적절한 우울은 몰입을 이끌고, 마음의 진폭은 창작의 에너지가 된다.

4. 삶의 우선순위를 재정비하게 한다.

마음이 침잠해야만 진짜 중요한 것이 무엇인지 선명하게 드러난다. 의미 없는 집착은 내려놓게 되고, 소중한 것을 다시 바라보게 된다. 우울은 선택의 기준을 다시 세워준다.

5. 미래를 준비하고 사유하는 시간을 준다.

행복할 때는 '지금'에 머무르지만, 우울할 때는 '앞으로'를 고민하게 된다. "이대로 괜찮은가?"라는 질문은 불안이 아니라 준비다. 조용히 다음을 설계하는 시간, 그 출발점이 바로 우울감이다.

우울은 피해야 할 감정이 아니라 오히려 성장의 신호가 된다. 너무 깊게 빠지지만 않는다면 우울은 나를 더 단단하게 만든다.

우울=나쁨이라는 공식은 편협하다. 감정은 다 쓰임이 있다. 어떻게 반응하느냐에 따라 나를 해치기도 하고 키우기도 한다.

"우울했던 시절을 돌아보면,

그때야말로 삶을 가장 진지하게

바라봤던 순간이었을지도 모른다.

우울은 깊은 내면과 대화를 시작하게 만드는 시간이다."

인정욕구를
버려라

"약자는 타인의 시선 속에서만
자신의 가치를 찾는다."

프리드리히 니체

니체는 인간이 타인의 평가에 지나치게 민감한 이유를 '노예도덕'의 잔재로 보았다.

칭찬에 들뜨고 비난에 상처받는 태도는 마치 주인의 인정을 구걸하는 노예의 모습과 다르지 않다. 그는 그런 굴레에서 벗어나 스스로 가치를 창조하는 '초인'의 태도를 강조했다.

자존감은 타인의 인정이 아닌 스스로를 사랑하는 힘에서 시작된다. 니체는 이렇게도 말했다. "나는 내 운명을 사랑한다. 그 안의 가장 하찮은 것까지도." 이 말은 곧 외부의 기준 없이 자기 존재를 긍정하는 태도다.

인생을 주도하는 힘은 외부의 인정과 시선에서 오지 않는다. 타인의 평가가 아닌, 나를 인정할 수 있는 단단한 내면에서 나온다. 그 시작은 결국 '나 자신에 대한 사랑'이다.

하지만, '자신을 사랑하라'는 말처럼 막연한 조언은 현실에서 좀처럼 와닿지 않는다. 나 역시 그런 문장을 보며 속으로 되뇌곤 했다.

'이렇게 형편없는 내가 어떻게 나를 사랑한단 말인가.'

그래서 내가 내린 결론은 이렇다. 자기애는 하루하루의 작은 성취에서 자란다. "나도 이 정도는 해낼 수 있겠다." 그런 경험이 쌓이면서 서서히 내 안에 힘이 생겼다.

나는 약 4년 전 운동을 시작했다. 그때부터 점차 나를 사랑하게 되었다. 이유는 단순했다. 세상은 내 뜻대로 되지 않지만, 내 몸만큼은 내가 땀 흘린 대로 정직하게 변한다는 사실을 확인했기 때문이다. 서서히 변화하는 몸을 보며 나는 깨달았다. 내가 마음먹으면 무언가를 바꿀 수 있는 존재라는 것을. 그 믿음이 쌓여 내면의 근육이 되었고, 그제야 비로소 나를 사랑할 수 있었다. 그래서 나 자신을 인정하는 태도가 필요하다는 걸 알게 되었다. 하지만 현실은 다르다.

278

여전히 많은 사람들은 타인의 인정에 기대어 살아간다. '잘 하고 있는 걸까?'라는 질문보다 '어떻게 보일까?'를 더 자주 떠올린다.

혹시 나도 모르게 그런 시선에 휘둘리고 있는 건 아닐까?

다음의 5가지 항목 중 3개 이상 해당된다면, 당신은 지금 과한 인정욕구에 휘둘릴 가능성이 높다.

1. SNS 반응 수치에 과도하게 집착한다.

2. 타인의 말 한마디에 쉽게 흔들린다.

3. 거절이 두려워 사람들에게 맞추려 한다.

4. 칭찬이 없으면 스스로 불안해진다.

5. 실수 없이 완벽해 보이려 애쓴다.

삶의 중심은 내가 되어야 한다. 남의 시선에 기대어 사는 삶은 결국 자신을 잃는 삶이다.

"인정욕구가 적은 이가 끝내 성공한다.

타인의 기대에 휘둘리지 않고 묵묵히 축적을 해나간다.

함부로 성장의 에너지를 말로 흩뜨리지 않고,

깊은 사유 속에서 자신의 길을 스스로 만들어간다."

나의 길잡이가 되어주는
별을 찾아라

"진정한 가치는 타인의 칭찬이 아니라
네가 세상에 기여한 선에서 나온다."

존 스튜어트 밀

한때 글을 쓰며 깊은 회의에 빠졌던 적이 있다. 몇몇 악플이 자꾸 마음에 걸렸다. '정말 글쓰기가 나에게 맞는 일일까?'라는 의심이 고개를 들었다. 그러던 중 기시미 이치로의 『미움받을 용기』에서 다음 구절을 만났다.

"자네가 어떤 찰나를 살고 있든, 자네를 싫어하는 이가 있든, '타인에게 공헌한다'는 길잡이 별만 놓치지 않는다면 무엇을 하든 괜찮네. 나를 싫어하는 사람에게 미움을 받으며 자유롭게 살면 되네."

그 한 줄이 내 안의 복잡한 감정을 정리해주었다.

'그래, 나를 응원해주는 이들을 보자.'

그 순간부터 나는 '호감'이 아닌 '공헌'을 위해 글을 쓰기로 했다. 내 글이 누군가에게 단 한 줄이라도 도움이 된다면 그걸로 충분했다.

"출근 전에 항상 억만장자 메신저님의 글을 읽고 갑니다. 감사합니다."

이런 메시지를 받을 때마다 말로 다 설명할 수 없는 기쁨이 마음 깊은 곳에서 올라왔다. 그제야 실감했다.

'남을 돕는다는 건 이렇게 따뜻한 일이구나.'

실제로 뇌과학 연구에서도 타인을 돕는 행위는 뇌에 행복 호르몬을 활성화시킨다. 그 효과는 생각보다 오래가고 깊게 남는다.

예를 들어, 힘든 하루를 보낸 친구에게 따뜻한 말을 건넸을 때, 길을 헤매는 낯선 이에게 길을 알려줬을 때, 후배의 고민을 듣고 진심 어린 조언을 해주었을 때. 그 순간 우리는 설명하기 어려운 충만함을 느낀다.

글을 쓰며 나도 이러한 감정을 실감했다. 누군가에게 작지만 단단한 용기를 건넸을 때, 내 하루에도 명확한 이유가 생겼다.

'내가 쓴 글이 누군가의 하루를 덜 힘들게 만들었구나.'

그 깨달음은 내 삶을 풍요롭게 만들었다.

만약 누군가가 당신을 제대로 알지도 못한 채 오해하고, 뒷담화를 일삼는다면 상처받지 말자. 그들은 애초에 당신을 있는 그대로 보려 하지 않았고, 깎아내릴 구실만 찾고 있었던 사람들일지도 모른다.

그렇기에, 당신이 집중해야 할 대상은 그들이 아니다. 당신의 말에 귀를 기울이는 사람들, 당신을 기다리는 이들에게 더 자주 더 따뜻하게 다가가라.

'타인에게 공헌한다'는 길잡이 별만 놓치지 않는다면 당신의 길은 옳다. 누군가의 미움은 당신이 나아가고 있다는 증거이며, 당신이 분명한 가치를 지닌 사람이라는 반증이다.

"세상엔 수많은 이들이 나를 미워하고
오해할 것이다. 그러나 중요한 건 그들에 의해
무너지지 않는 것이다. 중심을 붙잡고
길잡이 별을 향해 나아가는 것이다."

미스터비스트가 성공할 수 있었던
인생 치트 키

"좋아하는 일을 찾아서 그냥 오래 하면 돼.
그럼 언젠가는 성공이 찾아올 거야."

미스터비스트

구독자 4.5억 명, 전 세계 1위 유튜버인 미스터비스트라는 인물이 있다. 지금의 화려한 모습만 보면 그의 삶이 처음부터 순탄했을 거라 생각하기 쉽다. 하지만 그의 유튜브 성장 곡선을 보면 전혀 다른 이야기가 펼쳐진다.

• **구독자 수 변화**(추정치)

2012년 22명 → 2013년 612명 → 2014년 1,604명 →

2015년 15,429명 → 2016년 46만 명 → 2017년 200만

명 → 2018년 1,330만명 → 2019년 2,840만명 → 2020년 4,950만명 → 2021년 8,700만명 → 2022년 1억 2,530만 명 → 2023년 2억 2,470만명 → 2024년 3억 4,000만명 → 2025년 기준 4.5억명

무려 4년 동안 2만명을 넘지 못했다. '정체의 시간'을 견디고 있었다. 2015년 당시 구독자 8천명이던 그는 '2020년에는 구독자 100만명만 넘자'며 스스로에게 영상 편지를 남겼다.

그런데 2020년, 그의 실제 구독자는 무려 4,950만명이 되었다. 미스터비스트는 '시간을 버틴 사람'이 아니라 시간을 '축적한 사람'이다. 많은 이들이 말한다.

"그는 운이 좋았어."

"그건 미스터비스트니까 가능하지."

하지만 이 말은 본질을 놓친 말이다. 그는 영상 하나를 만들 때 썸네일 색상, 말투의 강약, 이탈 시점을 수치로 분석했다. 조회수를 엑셀로 정리했고 같은 주제를 수십 번 실험했다. 0.2초 템포 차이조차 시청률과 연결해 분석했다. 그의 꾸준함은 정교한 피드백이 있는 반복이었다. 영상 퀄리티는 해마다 상승했고 팀을 꾸려 제작 시스템을 구축했다.

수많은 실패 속에서도 그는 늘 '왜 실패했는가'를 물었다. 피드백을 멈추지 않은 결과, 삶은 어느 순간 임계점을 넘었고 성장은 복리처럼 가속됐다. 꾸준함은 필요조건이다. 하지만 전략이 더해질 때 비로소 도약이 시작된다. 사색 없는 반복은 정체를 부르고, 사색이 깃든 반복은 삶을 퀀텀 점프시킨다.

그리고 무엇보다 중요한 건, 그는 끝까지 자기를 잃지 않았다는 점이다. 누군가와 비교하며 무너지지 않았고, 늘 자신의 방향을 점검했다. 비교보다 개선에, 인정보다 본질에 집중했다.

진짜 성숙이란 거창한 성취가 아니라 '어제보다 나아진 나'를 지키는 태도에 있다는 걸, 그는 삶으로 그리고 콘텐츠로 증명했다.

"삶을 속도로만 재단한다면 누구나 무너진다.
진짜 중요한 것은 나만의 리듬을 잃지 않는 것이다.
미스터비스트가 증명했듯,
자신을 믿고 쌓아가는 삶이
끝내 살아남고 멀리 간다."

경쟁에서 벗어나
나만의 길을 가라

"진정한 자유는
자신의 존재 자체가 반항이 될 때 얻어진다."

알베르 카뮈

알베르 카뮈의 말처럼 외부의 기준이나 억압에 굴복하지 않고 신념과 진정성으로 살아가는 삶 자체가 세상에 대한 반항이자 자유의 실현이다.

우리는 경쟁이 일상이 된 사회에 살고 있다. 학교, 취업, 심지어 SNS의 좋아요 수까지. 모든 영역이 숫자로 순위를 매긴다. 이런 구조 속에서 사람들은 점점 지쳐가고, 옆 사람을 앞서야만 살아남을 수 있다는 압박에 무너진다.

물론 경쟁은 필요하다. 건강한 경쟁은 기술과 서비스를 발전시키고 사회를 움직인다. 그러나 그 경쟁이 '비교 중독'으로 번지는 순간, 삶은 병들기 시작한다. 이젠 같은 트랙에서 다투는 시대가 아니다. 방향을 바꿔야 할 때다.

같은 레일 위에선 누군가는 앞서고, 누군가는 뒤처진다. 그러나 각자의 방향을 걸으면 모든 사람이 1등이 된다. 세상은 이제 "누가 더 잘하느냐"보다 "누가 더 다르게 하느냐"를 묻는다. 경쟁력보다 고유성, 기술보다 결이 중요한 시대다.

AI가 인간의 노동과 사고를 빠르게 대체하며 누구나 비슷한 답을 내놓을 수 있는 시대가 됐다. 그래서 더더욱 고유한 목소리, 자신만의 결이 필요하다.

나는 작가로서, 그리고 크리에이터로서 남과 비교하지 않는다. 오직 나에게 집중한다. 내가 할 수 있는 말, 내가 남길 수 있는 언어, 그것이 곧 나의 길이다.

자기 방향이 선 사람은 비교의 함정에서 벗어난다. 나의 길 안에서 더욱 단단해지고, 더욱 날카롭게 단련된다. 반면 누군가의 기준에 맞추려는 순간, 자신을 잃는다. 하지만 '나는 어떤 존재인가'라는 질문에 진지하게 응답하며 살아가는 사람은 결국 시대가 주목할 수밖에 없다.

정년이 짧아지고 불확실성이 커지는 시대에 한 조직에만 인생을 의탁하는 것은 위험하다. 이제는 '나만이 할 수 있는 일'을 찾아야 한다. 그 일에 몰두하고 깊이를 더해야 한다. 고독과 방황은 그 여정의 일부다. 결국 그 모든 것이 당신만의 자산이 된다.

그러니 경쟁의 프레임에서 벗어나라. 그리고 질문하라.

"나는 어떤 결의 사람인가?"
"나는 어떤 무기를 가졌는가?"
"나만의 경쟁력은 무엇인가?"

그 질문에 답을 내리기 위한 삶을 살아갈 때, 남과 비교할 이유는 사라지고 '나만의 길'이 보이기 시작한다. 그때부터 '진짜 삶'이 시작된다.

"사회는 점점 더 '당신만의 고유함'을 묻는다.

모두가 일정 수준 이상 해내는 시대다.

이제는 '대체 불가능한 사람'만이 빛난다.

당신만의 방식으로 일하고, 말하고, 살아가라.

그 삶의 흔적이 곧 당신의 언어가 되고,

당신이 서 있는 자리가 무대가 된다.

남과 비교하는 삶이 아니라

자신의 방향을 증명하는 삶을 살아가라."

누구나 흔들리며 살아간다. 의심하고, 실망하고, 때로는 무너진다. 그럼에도 우리는 매일을 살아낸다. 그 자체로 이미 위대한 일이다.

삶을 돌아보면 알게 된다. 모든 것이 결코 쉽지 않았음을. 잘하고 싶었고, 사랑받고 싶었고, 나름대로 애쓰며 살아왔던 순간들이 결국 지금의 나를 만들었다는 사실을.

그런데도 여전히 서툴고, 여전히 부족하다. 그래서 사람은 계속해서 자신을 만들어간다. 더 나아지기 위해서, 더 진심으로 살아가기 위해서.

삶은 언제나 질문으로 시작된다.

"왜 이렇게 살아야 하지?"
"내가 가는 길이 맞는 걸까?"

그 질문은 방황이 되고, 방황은 고독을 부른다. 모두가 앞서 나가는 것처럼 보일 때 혼자 뒤처진 듯한 그 시간은 스스로를 직면하게 만드는 가장 깊은 터널이 된다.

방황 없는 인생은 없다. 다만, 어떤 이는 방황을 피하려 하고, 어떤 이는 그 안에서 길을 만든다. 진짜 성장은 후자에게만 찾아온다.

고독은 축적의 뿌리다. 그 시간 속에서 다져진 내면은 그 무엇과도 비교할 수 없을 만큼 단단하다. 아무도 보지 않아도 "나는 괜찮다"고 다짐하며 쌓아올린 노력의 조각들이 결국 나를 만든다. 외롭고 불안한 순간들마저 삶의 일부로 받아들이는 사람은 그때부터 조금씩 성장하기 시작한다.

축적은 반복으로 완성된다. 하지만 사색 없는 반복은 무의미하다. 사유가 깃든 반복만이 사람을 단단하게 만든다. 하루하루의 선택이 내일을 만들고, 작지만 단단한 루틴이 인생의 체력을 만든다.

정직한 시간은 언젠가 내 의식의 결을 바꾸어 놓는다. 삶을 대하는 태도가 달라지고, 말의 무게가 깊어지며, 타인을 향한 시선에도 온기가 깃든다.

292

성장은 성취의 높이가 아니라 시야의 넓이다. 그리고 마침내 단단함이 자리를 잡는다. 더는 무엇을 증명하려 애쓰지 않는다. 남의 기준에 흔들리지 않고 나만의 속도와 방향을 따라 걷는 삶.

거기엔 조급함 대신 깊이가 있고, 속도보다 방향을 아는 지혜가 있다. 운은 그렇게 온다. 누구보다 치열하게 애쓰되 자기 궤도를 벗어나지 않은 사람에게.

그 궤도 속에 방황이 있고, 고요한 축적이 있으며 깨어난 의식이 있다. 그 모든 시간을 견뎌 낸 사람만이 자신만의 색으로 빛날 수 있다.

더이상 누군가의 기준이 아닌 나의 기준으로 살아가는 삶은 노력 끝에 도달한 가장 단단한 행운이다.

"노력할수록 운이 좋아진다."
이 말은 단순한 위로가 아니라
인류의 역사 속에서 수없이 증명된 진리에 가깝다.
그리고 이 책은 그 진실을 향해 걸어온 하나의 기록이다.

이제는 당신의 차례다.
방황 속에서 끊임없이 스스로에게 묻고,

고독 속에서 자신만의 답을 찾아가라.

그 길 위에서 당신은 의식이 깨어나고,

마침내 가장 '나다운' 존재가 될 것이다.

두려워하지 말고, 나만의 속도로 나만의 길을 걸어가라.

마지막으로, 내 삶에 깊은 울림을 준

니체의 말을 다시 전하며 이 글을 맺는다.

"춤추는 별을 잉태하려면

반드시 내면에 혼돈을 품어야 한다."

• 참고도서 및 자료 •

『차라투스트라는 이렇게 말했다』 프리드리히 니체 저, 민음사

『미움받을 용기』 기시미 이치로, 고가 후미타케 공저, 인플루
    엔셜

『시대예보: 핵개인의 시대』 송길영 저, 북스톤

『괴테와의 대화』 요한 페터 에커만 저, 민음사

『내면소통』 김주환 저, 인플루엔셜

『단독자』 사이토 다카시 저, 알에이치코리아

2023. 2. 6일자 빠니보틀 유튜브 노홍철, 여행 끝에서 지옥을
    맛보다 〔베트남6〕

tvN 유퀴즈 온 더 블럭 211회 강동원 편

tvN 유퀴즈 온 더 블럭 276회 장원영, 안유진 편

tvN 유퀴즈 온 더 블럭 247화 천우희 편

조선일보,「허준이 교수 '수학은 매일 실패하는 일⋯100일 중
    99일은 엉망'」

반복의 쓸모

1판 1쇄 발행 2026년 2월 2일
1판 2쇄 발행 2026년 2월 15일

지은이 억만장자 메신저
발행인 김태웅
기획편집 이미순, 이슬기
표지 디자인 섬세한 곰   **본문 디자인** 호우인
마케팅 총괄 김철영   **마케팅** 서재욱, 오승수
온라인 마케팅 이송인   **인터넷 관리** 김상규
제작 현대순   **총무** 윤선미, 안서현
관리 김훈희, 이국희, 김승훈, 최국호

발행처 ㈜동양북스
등록 제2014-000055호
주소 서울시 마포구 동교로22길 14(04030)
구입 문의 (02)337-1737 **팩스** (02)334-6624
내용 문의 (02)337-1763 **이메일** dymg98@naver.com

ISBN 979-11-7210-167-1 03190